渋イケメンの旅

三井 昌志

生涯最高のチャイの味

インド西部グジャラート州の平原をバイクで走っているときに、ディルーという名の羊飼いと出会った。彼は白い民族衣装を着て、頭には白いニット帽を被り、長い杖を持って、二百頭ほどの羊を率いていた。指笛を鳴らしたり、石ころを投げたりして羊の群れを操り、草地から草地へと移動させている伝統的な羊飼いだった。

乾季に入ると雨がまったく降らなくなるインド西部では、羊たちの飲み水の確保がもっとも重要な仕事になるという。強烈な日差しによって、主な川や池はすべて干上がってしまうからだ。ディルーさんは水がまだわずかに残っているため池を見つけ出すと、そのほとりに羊たちを連れて行った。それは遠目から見ても明らかに濁っているのがわかるような泥水だったが、羊たちは水の味にはこだわらないらしく、黙ってその泥水を飲み始めた。水の味にこだわらないのはディルーさんも同じだった。彼も持参したアルミ皿に濁った水を汲むと、躊躇することなく一気に飲み干したのだ。そしてすぐさまもう一杯水を汲んで、僕に手渡してくれた。

「さぁ飲めよ。あんたも喉が渇いただろう？」

もちろん彼が親切心から水を勧めているのはよくわかっていた。それでも僕には飲めなかった。この泥水を飲み干したら最後、強烈な下痢に襲われるのはほぼ確実だと思えたからだ。僕は普段からインドの生水を平気で飲んでいるし、地元の人に勧められた食べ物や飲み物は可能な限りいただくようにしているのだが、この泥水だけは無理だった。三日三晩砂漠を歩き続けていれば飲めたかもしれな

いが、そこまで喉は渇いていない。ご厚意はありがたかったが、丁重にお断りした。

　ディルーさんはそんな僕の反応に気を悪くすることもなく、「わかった。ちょっと待ってろよ」と言って、枯れた草と木の枝を集めてきて、素早く火を起こし、湯を沸かし始めた。どうやらチャイを

作ってくれるらしい。彼が持ち歩いている白い布袋には、マッチと小さな鍋のほか、茶葉や砂糖や茶こしなどのチャイ道具一式が入っていたのだ。水が沸騰してくると、そこに今搾ったばかりの羊のミルクを加え、茶葉と砂糖を入れて、しばらく煮立たせた。

　そうやって完成したチャイを、ディルーさんは二つの器に分け、量の多い方を僕に渡してくれた。出来立てのチャイはやけどしそうなほど熱かったので、僕は薄いアルミ皿の端を持ち、息を吹きかけて冷ましながら、すするようにして飲んだ。

　チャイは美味かった。甘くて濃厚で、茶葉の渋みもしっかりと出ていた。これまでインドで飲んだチャイの中でも最高に美味い一杯だった。搾りたてミルクの濃厚な味わいはもちろんのこと、後味として口に残る水の泥臭ささえ、大地のスパイスのように感じられた。

　産業革命以降のイギリスで紅茶文化が花開き、インドのプラ

ンテーション農場で大量に紅茶を作らせて輸入するようになったのは、当時のイギリス人が飲んでいた水がまずくて不衛生だったからだ、という話をふと思い出した。生水が危険でまずかったために、水をいったん沸騰させて、茶葉の渋みと砂糖の甘みで味を調えて飲む、という習慣が広がったのだ。

草原は静かだった。聞こえてくるのは風の音と羊のげっぷぐらいだった。ディルーさんはチャイを飲み終えると、白い袋からビリーと呼ばれる安い葉巻タバコを取り出し、マッチで火をつけて美味そうに吸った。薄くて細い雲が、空に複雑な模様を描き出していた。

牧民たちは日々のスケジュールに追われることもなく、流れる雲のようにゆったりとした時間の中で暮らしていた。誰も焦らないし、誰も急かさない。そんな彼らの生き方は、時間に縛られ、少しでも空いた時間があればスマホに目を落としている我々現代人（そこには都会に住むインド人も含まれる）の生活とは、ずいぶん違うものだった。

彼らは文明の利器に頼らなくても、自然の力を利用して生きる術を知っていた。どこに草地があり、どこに水場があるのか、全ての情報は彼らの頭の中に入っているのだ。たとえ戦争や疫病で現代文明が滅んだとしても、彼らは生き残るだろう。

「そろそろ行くか」

ディルーさんは立ち上がった。指笛を短く三回鳴らすと、群れの先頭を引っ張る羊がのそのそと歩き始め、他の羊もその後に従った。やがて羊の群れもディルーさんの姿も草原の彼方に消えた。青い空と白い雲だけが、その後に残された。

渋イケメンを探す旅へ

最初に「渋イケメン」とはいったい何なのか、簡単に説明しておこう。二〇一五年に出版した『渋イケメンの国』という本の中で、僕は「渋イケメンの条件」として三つの項目を挙げた。

一．目力が強く、存在感のある面構えであること
二．年齢を重ねることを恐れず、自然な「渋み」を漂わせていること
三．外見には無頓着で、「異性にモテよう」という意識が希薄であること

ただ渋くてカッコいいだけでは不十分なのだ。特に着飾っているわけではないのに、強い存在感を放つ男。自らのイケメンぶりが現実的な利益（たとえば良い結婚相手に恵まれるとか）を生むわけでもないのに、あるがままの姿が魅力的な男。「渋イケメン」とは、そんな男たちのことだ。

渋イケメンを撮り始めたきっかけは、僕にもよくわからない。旅先で「これだ！」と直感したものにカメラを向けていたら、いつの間にか渋い男ばかり追いかけるようになっていたからだ。

僕はもともとテーマを決めてから撮るタイプの写真家ではない。最初に伝えたいメッセージがあって、その目的に沿ったイメージを集めてくるわけではないのだ。僕がやってきたのはその逆だった。まず街をあてもなく歩いてみる。そこで心に引っかかるものにカメラを向ける。胸の高鳴りを感じた対象に対してシャッターを切る。それを何百回、何千回と繰り返す中で、自分が本当に撮りたいものの輪郭が明らかになり、テーマが浮かび上がってくるのだ。

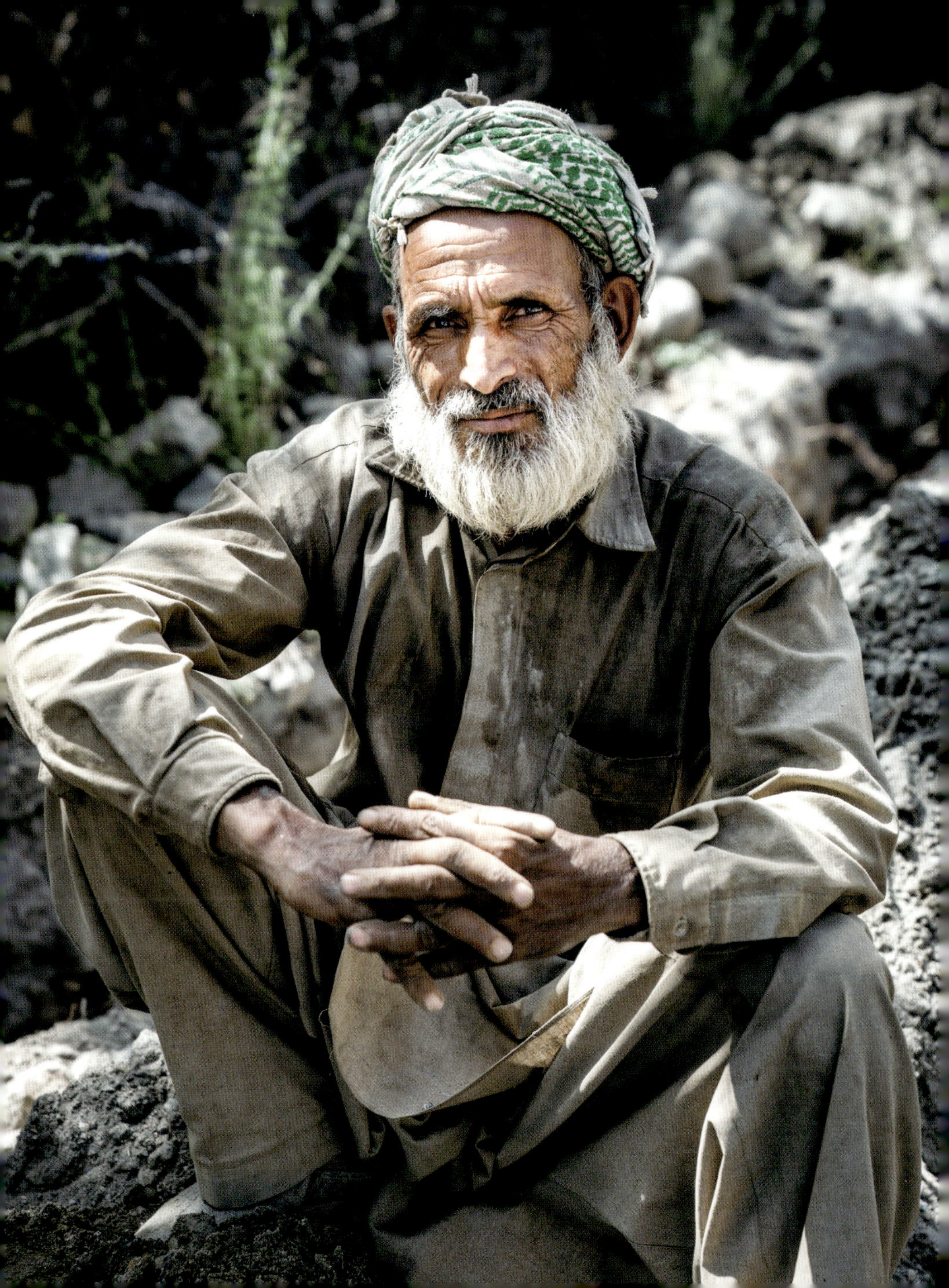

写真を始めた頃は、もっぱら子供や女性の笑顔にカメラを向けていた。それが当時の僕にとって、もっとも心惹かれる被写体だったからだ。それがいつの間にか、働く男たちの渋みに惹かれるようになっていった。

人からどう評価されるのか、なんてことはまったく考えていなかった。そりゃそうだ。いったいどこの誰が「南アジアで働く渋いイケメンたちの写真集」なんてものを欲しがるというのだろう。いくら何でもニッチすぎる。そう思っていた。

ところが、実際は違っていた。僕が想像していたよりもはるかに多くの人が「渋イケメンの美しさ」に共感し、共鳴してくれたのだ。これは嬉しい誤算だった。自分の井戸を深く掘り下げていったら、思いもよらない地下水脈を掘り当ててしまったような、そんな気持ちだった。

この本で紹介する渋イケメンたちは、日本でもてはやされている今風のイケメン――清潔で中性的でオシャレでつるっとした男性――とはずいぶん印象が違う。と言うかまるっきり正反対の、汗くさくてごつごつした男たちばかりである。両者の違いの根本には、生き方の違いがあり、価値観の違いがある。社会が男に求めるものも、男が社会に求めるものも、大きく異なっている。そうした様々な違いが、外見に表れているのだと思う。

この本では、インドをはじめとする南アジアの渋イケメンたちがなぜこれほど魅力的なのか、その理由を探っていく。強すぎる目力と惚れ惚れするような肉体美がどこでどのようにして生み出されているのか、その謎に迫っていく。それはきっと「アジアの今」をより深く知る手がかりにもなるはずだ。

さぁ、渋イケメンを探す旅に出かけよう。

旅人を選ぶ国

「インドは好き嫌いがはっきり分かれる国」という言葉は、おそらく誰もが一度は耳にしたことがあるのではないだろうか。インドを訪れた人は「インドに魅了され、恋に落ちてしまう」か、あるいは「インドなんて大嫌い。二度と来るか！」と固く決意するか、どちらかにはっきりと分かれてしまうという説だ。僕自身の経験からも、この説はおおむね正しいと思う。「インド好き」と「インド嫌い」はいても、その中間の「インドが好きでも嫌いでもない」という人は極めて少ない。良くも悪くも、インドは旅人を選ぶ国なのだ。

旅先としてのインドは、万人受けするタイプではないし、そもそも万人受けを狙っているようには見えない。魅力的な世界遺産や観光名所はたくさんあるのに、それを外国人にアピールしようという積極性に欠けているのだ。「旅行者？　来たければ来てもいいけどさ、歓待はしないよ。もしトラブルが起きても自己責任ってことでよろしく」という態度を崩さない。そのクールなツンデレぶりが、ファンにはたまらないわけだけど。

実際、インドはその巨大な国の規模に不釣り合いなほど外国人観光客が少ない（人口が七千万人弱のタイに年間三千五百万人もの観光客が押し寄せているのに、人口十三億のインドを訪れる観光客は年間千五百万人に過ぎない）。たとえば台湾のようにグルメが充実していたり、タイのように旅人に優しかったり、シンガポールのように清潔だったり、ネパールのように人が穏やかでホスピタリティーに溢れていたりすれば、インドが今の何倍もの外国人観光客を集める国になっていてもおかしくないのだが、現実にはそうなっていないのだ。
インドは良さがわかるのに時間がかかる国なのだと思う。「一目惚れされる」タイプではなく、「会えば会うほど良さがわかってくる」タイプなのだ。スルメのように噛めば噛むほど味が出てくる国なのである。

サトウキビをその場で搾って出すサトウキビジュース屋

僕自身のインドの第一印象も決して良いものではなかった。四十度を超える猛烈な暑さ、排気ガスで汚れた空気、耳をつんざく騒音、しつこい客引きたち。何もかもにうんざりしていた。食べ物も美味しくなかった。その辺の安食堂で出てくるチャパティは新聞紙みたいな味がしたし、屋台で飲んだ搾りたてのサトウキビジュースにはマサラ味の粉がたっぷりと振りかけられていた。「何であろうと口に入れるものにはマサラを振りかけずにはいられない」というインド人の恐るべき執念を目の当たりにして、「こんな国じゃとても生きていけない」と本気で萎えてしまった。
インドには旅人を消耗させるトラップがあちこちに設置されていた。列車を予約するために長蛇の列に並ぶのが当たり前だし（それでも満席で切符が取れないこともある）、駅で客待ちしているオートリキシャの運転手は平気で相場の三、四倍もの値段を

ふっかけてくるし、デリーやコルカタの安宿街には親切を装って旅行者に近づき、親しくなった後に高価なツアーを組ませる悪徳旅行代理店が何軒もあった。当時の僕は、こうしたインド的不条理の数々を「これがインドってものなんだから仕方ない」と受け流せるほど旅慣れてはいなかったのだ。

僕が初インドのつまずきから立ち直って、「インドって素敵なところだな」と思い始めたのは、バイクで旅するようになってからのことだ。バイクという「どこでも自由に行ける移動手段」を手に入れたことで、旅のストレスが大きく減ったのだ。もう苦労して列車の切符を取る必要はないし、ぼったくりタクシーと粘り強く交渉しなくてもいいし、宿が気に入らなければすぐに他の宿を探すことができるようになったのである。インドにおける「旅人を消耗させるトラップ」のほとんどは、バイク移動によって避けられる。それに気付いてから、インドの旅が俄然面白くなったのだ。

バイクは簡単に借りられる

インドでバイクを借りるのは、実はそれほど難しくない。観光客が多く訪れる町――たとえばビーチリゾートとして外国人に人気のゴアや、ラダック地方の中心都市レー、かつてポルトガルの植民地だったディウなど――に行けば、レンタルバイク店が簡単に見つかるからだ。

面倒な手続きもいらない。パスポートと運転免許証のコピーを用意して、前金を払うだけでＯＫだ。料金もかなり安い。僕がいつも使っている一一〇ｃｃの庶民派小型バイクであれば、一日三百～四百ルピー（四百八十円～六百四十円）ほどで借りられる（三五〇ｃｃの大型バイク「ロイヤル・エンフィールド」を借りる場合には、一日千ルピー以上必要だが)。

僕の場合は、オリッサ州にあるプリーという町でバイクを借りることにしている。この町には十年以上の付き合いになるレンタルバイク屋の主人がいて、ほぼ毎年のように長期間バイクを借りに来る僕のことを待ってくれているのだ。

「よー、久しぶりだなぁ。元気だったかい?」

僕が店の前にひょっこり現れると、ご主人のガネーシャさんは古い友人を迎えるように顔をほころばせて、右手を差し出してくれる。

「今年も戻ってきたよ」

「ウェルカム、ウェルカム。今ちょうどあんたが乗るバイクを磨いていたところだよ」

そう言って、ガネーシャさんはピカピカに磨き上げられたバイクを誇らしげに見せてくれる。それは僕が去年の旅で使ったバイクで、すでに走行距離は二万キロを超えているのだが、タイヤやクラッチ盤などの消耗部品はちゃんと交換されていて、コンディションは良好に保たれていた。

ガネーシャさんはお客を頭から信頼しているというインド人にはかなり珍しいタイプの男で、僕が最初にバイクを借りたときも、

インドでいつも乗っているのは110ccの庶民派小型バイクだ

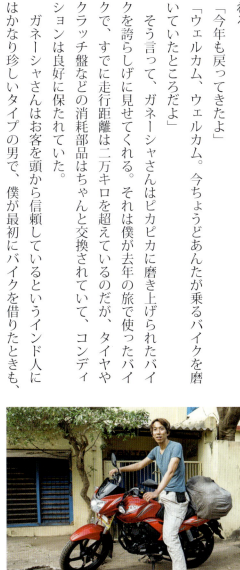

お寺のバラモンに頼んでバイクのお祓いをしてもらう

デポジットも取らなかったし、パスポートのコピーすら要求しなかった。もし僕がバイクを返さずにどこかで売り払ってしまったら、彼は大損を被ることになるはずだが、そんな可能性はまったく考えていないようだった。おかしなもので（別におかしいことではないのかもしれないが）、そうやって他人から過大とも思えるほどの信頼を寄せられると、「何としてでもその信頼に応えなければ」という気持ちが湧いてくるのだった。

　長旅に出る前日には、いつもガネーシャさんと一緒に近くのお寺に行って、バイクのお祓いをしてもらう。僕はどちらでもいいのだが、ガネーシャさんがそれをやらないと気が済まないのだ。

「プージャ（儀式）はとてもとても大切なんだ。インドの神様にお願いしておけば、インドで事故に遭うことはないからね」

　敬虔なヒンドゥー教徒であるガネーシャさんは、そう断言する。

　プージャは本格的なものだった。まずバラモン（司祭）に頼んで、新鮮なココナッツジュースをバイクに振りかけてもらう。それからフロントカウルに赤いティカを塗り、清めのライムをバイクのタイヤで踏みつぶしてから、魔除けのお飾りを巻いてもらうのだ。この一連の儀式にどれほどの効力があるのかはわからないが、無機質なバイクがぐっとインドっぽい乗り物に変わったのは確かだった。

　プージャが終わると、ガネーシャさんはガンジャで一服する。乾燥させた大麻を細かく砕いてからチラムと呼ばれるパイプに詰め、マッチで火をつけて深く吸い込むのだ。彼はほぼ毎日、仕事の前にガンジャを吸い、仕事が終わるとガンジャを吸う。

インド国内の法律でも、大麻は違法薬物として基本的に販売が禁止されているのだが、プリーのあるオリッサ州では大麻の使用は合法で、「ガバメントショップ」と呼ばれる政府公認の販売所に行けば、誰でもガンジャが買えるという。国内法よりも州法が優先されているのだ。

インドには三千年以上も前から大麻を薬や嗜好品として使用する文化があり、特に宗教儀式には欠かせないものだった。そういう歴史的な背景もあって、インド人は大麻の使用に対してはかなり寛容だが、それとは対照的にお酒に対しては厳しくて、グジャラート州やビハール州をはじめ、いくつかの州では酒の販売は違法である。「飲酒は堕落した人間の習慣」と考えているインド人は多いし、「酒は飲まないが、ガンジャはやる」という人も多い。この点は日本人の常識とはかなり違うというか、正反対と言ってもいいかもしれない。

ガネーシャさんはチラムを使ってガンジャの煙を深く吸い込み、美味そうに吐き出した。そして焦点が少しズレたような目で僕の方を見て、「あんたも吸うかい?」と訊ねた。

「ノー」と僕は首を振った。「ガンジャはやらないんだ。いつも言っているじゃないか」

「あぁ、そうだったな。すっかり忘れてたよ」と彼は笑った。「あんたはガンジャはやらない。やらなくても、いい気分になれるからだ。ハッピーになれるし、クレイジーになれる。そういう人間はガンジャなんてやらなくてもいい」

「別にクレイジーじゃないさ」

「クレイジーだよ。あんたはバイクでインドを何周したんだったっけ？　六周かい？　七周かい？　インド人だって、そんなバカなことはしないさ」

「確かにそうだね。インド人がいつもびっくりしているよ。信じられないって」

「あんたは旅中毒だね。間違いない。俺はガンジャ・アディクションだけど、あんたはトラベル・アディクションさ。いや、インディア・アディクションかもしれないね」

「トラベル・アディクション」や「インディア・アディクション」といったものが実際にあるのかどうかは知らないが、旅にも（アルコールや薬物ほどではないにしても）中毒性があるのは確かだ。一人旅で得られる圧倒的な解放感や、未知なる風景と遭遇したときの興奮がアドレナリンとなって体中を駆け巡るときに感じる脳がオーバードライブしたような多幸感は、単調な日常生活ではまず味わうことができない特別なものだ。ある意味ではドラッグよりも強い刺激かもしれない。

もちろん、僕は一過性の刺激や爽快感だけを求めてインドを何度も旅したわけではない。それだけなら、とっくに飽きていたはずだ。

僕はインドという国のことをもっとよく知りたかったのだ。より広く、より深く、理解したかったのだ。それは体の奥底から湧き上がってくる熱い欲求だった。

この多様性に満ちた国を自分の足で歩き回り、五感で感じ取ったものから、自分なりの「インドの見取り図」を描き出したい。そんな情熱に突き動かされるようにして、僕はインドをバイクで七周もした。十万キロもの道のりを走り続けることになったのである。

やっぱり僕はインド中毒なのかもしれない。

牛がハイウェイを歩く国

「インドでは牛がハイウェイを歩いている」というのは本当の話だ。料金所が設置されている有料の国道（ナショナル・ハイウェイ）であっても、牛が悠然と道の真ん中を歩いていたり、中央分離帯に生えた草を食べたりしている姿をよく見かける。ハイウェイで出くわすのは牛だけではない。犬も羊も山羊も水牛もいるし、エサを求めて野猿が飛び出してくることもある。要するに「インドの道はなんでもあり」なのだ。

僕はこれまでに二度、道路上で牛と衝突したことがある。どちらも興奮した牛が急に駆け出してきて進路に立ち塞がり、急ブレーキをかけたものの間に合わずに、牛のお腹にドンと激突した、という避けがたい事故だったのだが、幸いなことに僕の方にも牛の方にもたいしたダメージはなかった。牛は体重が八百キログらいあるので、一人乗りのバイクがぶつかったぐらいではびくともしないようだ。牛は「おい、なんだよ」という苛立たしげな視線を向けただけで、無言で去っていった。

インド西部グジャラート州の国道では、荷車を引いて歩くラクダの姿をよく目にした。ラクダ車はとてもスローな乗り物だ。人が歩くのとさほど変わらない速度で、一歩一歩を踏みしめるように歩い

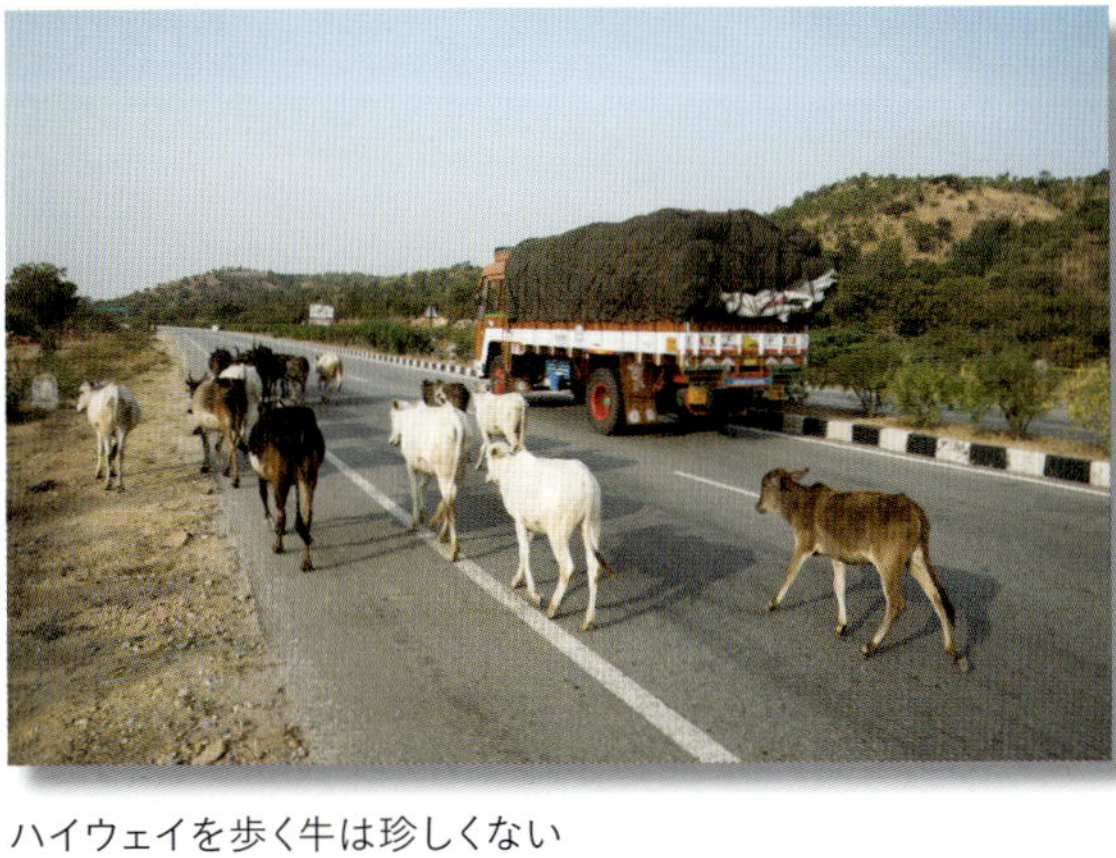

ハイウェイを歩く牛は珍しくない

ラクダ車はのんびりとマイペースで進む

ている。御者ものんびりしたもので、手綱や鞭も握らずにごろんと横になっている。昼寝している御者さえいる。たとえ居眠り運転をしても、ラクダはちゃんと目的地に向かってくれるようだ。コンピューターが発達するはるか以前から「自動運転車」は実現していたのである。

のんびりとマイペースで進むラクダ車は、忙しく走り回る現代人にアンチテーゼを投げかけているのかもしれない。「そんなに急がなくてもいいじゃないか。いつかきっと目的地に着くさ」と。

近年、インドでも「本物の」ハイウェイが整備されつつある。今までのような「牛もラクダも自由に往来できる道」ではなく、完全な自動車専用道路として設計された片側三車線のハイウェイが、都市と都市とを効率的に結ぶようになったのだ。まもなく中国を抜いて世界一の人口大国になるインドは、激増する物流需要に応えるために、今後も高速道路網の整備を急ピッチで進めていくだろう。

でも僕の旅は、これからもハイウェイとはあまり縁のないものになりそうだ。あえて曲がりくねったローカル道を走るのが、インドのバイク旅の醍醐味だと思うからだ。ローカル道の魅力は、人々の暮らしぶりをすぐそばで感じられることにある。素焼きの水瓶を作る男や、井戸水を汲む子供や、山羊の群れを追う老人。そんな光景を間近で眺めながら、マイペースで旅を進めることができるのだ。

僕がバイク旅でもっとも注意しているのが、交通事故に巻き込まれないことだ。インドの交通事故死亡者数は世界最悪の水準で推移していて、二〇一六年の統計によれば年間十五万人が交通事故で亡くなっているという。これは十三億という莫大な人口を勘案しても、日本の約四倍も悪い数字だ。

実際、運転席が潰れていたり、仰向けにひっくり返っていたりする事故車を頻繁に目にする。インドでは、インフラ整備も交通ルールも運転マナーもすべてが未成熟なまま、本格的なモータリゼーションが始まろうとしているのだ。いまだにバイク運転者の大半はヘルメットを被っていないし、無茶な追い越しやハイウェイの逆走も日常茶飯事だ。「命が軽い」というか、「交通事故死なんて大したことじゃない」という雰囲気が、この国にはある。人を轢いた車がそのまま逃げてしまい、被害者や遺族が泣き寝入りせざるを得なくなった、なんて話もたびたび耳にした。

そんな目に遭いたくなければ、自分の身は自分で守らなければいけない。スピードは控え目で、ヘルメットをきちんと被り、無理な追い越しをしない。そういう基本的な心掛けだけで、結果は大きく違ってくるはずだ。しかし、いくら細心の注意を払っていたとしても、事故のリスクをゼロにすることはできない。結局のところ、事故に遭うか遭わないかを分けるのは「運」なのかもしれない。

スピードの出し過ぎで衝突事故を起こした車

幸運なことに、車と衝突する事故にはまだ一度も遭っていないが、派手に転倒したことなら二回ある（派手に、というのは手足を擦りむいて血だらけになる程度の怪我を伴う激しい転倒で、怪我のない転倒ならもっと多い）。

これまでもっとも派手な転倒は、ビハール州の田舎道を走っているときに起きた。路面は新しく舗装されたばかりで、交通量も少なく、比較的走りやすい道だった。アクシデントが起こりそうな予感なんてまったくなかった。

時速七十キロで緩やかな左カーブに差しかかった、そのときだった。一匹の野良犬が勢いよく飛び出してきたのだ。しかし僕は慌てなかった。犬が道路を横切るのはインドではよくあることだから、速度を少し緩めて、犬を先に行かせようとした。そうすれば簡単に避けられるはずだった。ところが運悪く、ちょうどそこに対向車が現れたのだ。犬は急に目の前に現れた対向車に驚き、反射的に体をくるっと反転させて、僕の車線に戻ってきたのだ。危ない！

すべては一瞬の出来事だった。予想外の犬の動きにとっさにブレーキをかけたのだが、間に合わなかった。バイクの前輪が犬の体にぶつかった瞬間、僕のバイクはコントロールを失って横倒しになった。受け身を取る余裕はなかった。バイクは右側を下にして倒れ、僕の体は地面に激しく打ちつけられた。

僕とバイクは倒れたまま路肩まで滑っていって、草むらで止まった。足と腕がアスファルトに削られて、焼けるような痛みを感じた。あまりの痛みでしばらく起き上がることができず、声も出せなかった。ズボンもTシャツも破れ、傷口からは赤い血がしたたり落ちていた。痛みがもっともひどいのは脇腹だった。ひょっとしたら肋骨にヒビが入ったかもしれない。

道ばたでうずくまっている僕のまわりに集まってきたのは、近くに住む村人たちだった。こういうときのインド人はとても親切だ。怪我人がいるのに、見て見ぬフリで通り過ぎるなんてことは絶対にしない。困っている人がいたら必ず助けるというのが、インド人の流儀なのだ。

村人たちの助けを借りてなんとか起き上がった僕は、最初に転倒の原因となったあの犬の行方を探した。かなりのスピードで激突したのだから、犬の方にも相当なダメージがあったはずだ。死んでいてもおかしくはない。しかし周囲を見回してみても、あの犬の姿はなかった。どうやら生き延びたようだ。それがわかって、少しほっとした。インドをバイクで旅していると、毎日おびただしい数の犬の轢死体を目にすることになるのだが、自分がその加害者になるのはごめんだった。

助けてくれた男の一人が「病院に連れて行ってやろうか？」と言ってくれたのだが、「いや、大丈夫だよ」と断った。強がっていたわけではなく、この程度の怪我なら病院へ行く必要はないと判断したのだ。痛みはまだ残っていたが、負ったのは擦り傷だけだったし、手も足もちゃんと動かせた。

近くの家で井戸を借りて傷口を洗い、持っていた薬で消毒した。それから倒れているバイクを起こして、エンジンをかけてみた。

寝相が自由すぎるインドの野良犬。交通事故で死ぬ犬も多い

幸いなことに、バイクへのダメージはほとんどなく、エンジンもちゃんと動いてくれた。ブレーキレバーとフットレストが曲がっているぐらいで、走行に支障はなかった。

それから五十キロほどバイクを走らせて、デオガールという町まで行った。何の変哲もない田舎町だったが、とりあえずそこで最初に目についたホテルに入ってみることにした。転倒した直後は（たぶんアドレナリンが出ていたせいで）痛みはそれほどでもなかったのだが、一時間ほどすると脇腹がズキズキと痛み始めて、バイクを運転するのが難しくなってきたのだ。今日はここに泊まって休んだ方が良さそうだった。

ホテルの従業員は、腕と足から血を流している外国人が突然現れたことにひどく驚いていたが、僕が事情を説明するとすぐに部屋に案内してくれた。そして近くの薬局に行って痛み止めと抗生物質を買ってきて、「これ飲んで、ゆっくり休みなよ」と手渡してくれた。痛みと疲労で弱気になっていた僕には、その親切心が染みた。捨てる神あれば拾う神ありだな、と思った。

結局、その後も病院には行かなかった。肋骨へのダメージは予想以上に大きくて、痛み止めを飲まないと夜も眠れないほどだったが、このホテルで丸二日間静養するあいだに痛みもだいぶ治まってきたので、三日目の朝には旅に復帰した。やはり肋骨にはヒビが入っていたらしく、そのあと二ヶ月ほどは咳をするだけで脇腹が痛むような状態だったが、いつの間にかその痛みも消えていた。

これが、僕がインドで遭遇した最大の事故である。年間十五万人が亡くなる交通事故大国の中では、わりとよくやっている方じゃないかと思う。

僕の経験から言えるのは、「長い距離をバイクで移動する人はいつか必ず転ぶ」という至極当たり前の事実だ。転ばないバイク乗りは（たぶん）いない。「止まると倒れる」という不安定な性質を持つ二輪という乗り物は、その高い自由度と引き換えに、常に転倒というリスクを背負っている。倒れないためには走り続けなければならないが、走り続けていると転倒する危険性が高まるのだ。二輪車とは本質的に矛盾を抱えた乗り物なのである。

どんな小さな町にも必ずバイク修理屋はある

バイク旅において「安全」と「自由」はトレードオフの関係にある。バイク乗りは「安全をいくらか犠牲にしてでも、自由を優先する人」なのだ。安全安心を何よりも重視するようになった現代の日本でバイク人口が減り続けているのは、当然のことなのかもしれない。

バイク旅で遭遇する数々のトラブルの中でも、もっとも頻繁に起きるのが故障だ。インドの道路は日本に比べて劣悪なので、パンクだけでなく、チェーンの脱落や電装部品の故障もたびたび発生する。それでも僕は修理道具を持たずに旅をしている。どこをどう直せばいいのかさえよく知らないのだ。

そんなバイク素人の僕がなんとか旅を続けてこられたのは、修理屋のおかげだった。故障したとしても、たいていの場合すぐ近くに修理屋が見つかるのだ。インドに限らず、僕が旅するアジアの国々では「人の住むところ、バイクあり。バイクのあるところ、修理屋あり」という経験則が成り立っているのである。

しかし時には、修理屋がまったくない辺境の地でバイクが故障することもある。ラジャスタン州南部の国道を走っていたときにも、そんな事態に見舞われた。何の前触れもなくエンジンが止まり、キックスターターをいくら蹴っても息を吹き返さなくなってしまったのだ。

仕方がないのでバイクを押して歩くことにしたのだが、三十分以上歩いても、修理屋どころか集落ひとつ見えなかった。乾燥した大地と岩山がどこまでも続くばかり。「いったいどこまで歩けばいいんだよ」と弱音を吐きそうになった矢先、荒野にぽつんと一軒だけ建っていた農家から若者が出てきて、「どうしたんですか？」と声を掛けてくれた。

彼の名はスレーシュ。実家の農業を手伝う二十歳の若者だが、基本的なバイクの整備はいつも自分でやっているのでよくわかるという。スレーシュ君はすぐに家から道具一式を持ってきて、僕のバイクを見てくれた。しかし残念ながら、彼にも故障の原因は突き止められなかった。

「どうやら僕の手には負えないみたいです」と彼は申し訳なさそうに言った。「でも大丈夫。この先に修理屋があるから、僕のバ

こんな荒野の真ん中にタイヤ修理屋が店を構えていることもある

イクで連れて行ってあげますよ」

親切なスレーシュ君は、自分のバイクにロープを括り付けて、十キロほど先にある修理屋まで僕のバイクを牽引してくれた。しかしその修理屋にも故障は直せなかったので、さらに三十キロ先にある大きな町の修理工場までバイクを運ぶことになった。ここでもスレーシュ君がオート三輪の運転手と交渉してバイクを運んでもらう手はずを整え、バイクを荷台に引っ張り上げるのを手伝ってくれただけでなく、「困ったことがあったら連絡してください」と携帯番号を書いたメモまで渡してくれた。

彼は最後まで何の見返りも求めなかった。困った人がいたら助けるのが当然、という態度を崩すことなく、爽やかに去っていった。

ラジャスタンには「アティティ・デオ・バワ」という言葉がある。これは「ゲストは神様と同じ」という意味で、遠方から来た客人は必ず助けようという気持ちを表しているのだという。スレーシュ君の行動は、この「アティティ・デオ・バワ」の精神そのものだった。彼は自分の時間を犠牲にして、見ず知らずの他人を助けてくれた。自分の損得を抜きにして、僕のために走り回ってくれたのだ。

もしあそこでバイクが故障しなければ、あのような掛け値無しの親切を受けることはなかっただろう。トラブルの発生は頭痛の種だが、その土地をよく知るチャンスにもなる。ものごとが順調に進んでいるときには見逃してしまうことを、トラブルが気付かせてくれるからだ。

旅先でトラブルが起きたときに、いつも心の中でつぶやく言葉がある。

「なんくるないさー」

これは「なんとかなるさ」を意味する沖縄の言葉だ。大丈夫、きっとなんとかなるさ。心配したってしょうがないんだから、前を向いて歩こう、と。

この言葉を僕に教えてくれた沖縄の女の子たちは、南国育ち特有の楽天性と日本人離れしたルーズな時間感覚の持ち主で、初めての海外旅行で訪れた韓国の空港で飛行機に乗り遅れてしまい、しかも無一文の状態だったので困り果てていたところ、親切な韓国人の紳士にお金を貸してもらい、夕食までご馳走してもらったというエピソードを披露してくれた。まさに「なんくるないさー」精神そのままの旅人だった。

結局のところ、旅人は無力な存在だ。その土地に縁もゆかりもなく、言葉さえろくに話せないよそ者なのだから、どうしたって様々なトラブルに遭遇し、翻弄されることになる。でも恐れる必要はない。自分が無力であることを受け入れ、それでもきっとなんとかなるさと前を向いて歩き出せば、必ず状況は打開できるはずだから。大切なのは歩き続けること。心をオープンにして動き続けることだ。

旅に出る前の僕は、どちらかといえば臆病な人間だった。「石橋を叩いても渡らない」ような性格で、これからやるべきことを慎重に下調べして、失敗しないように準備を怠らないタイプだった。未来への期待より、不安の方が大きかった。

そんな僕の性格を変えてくれたのは旅だった。より正確に言えば、旅先で起きる数々のトラブルだった。香港ではトランプ詐欺師グループに大金を騙し取られそうになったし、ベトナムではバイクごと崖の下に転落するという事故を起こしてしまった。サイクルリキシャで日本を一周していたとき

2010年にはこのリキシャで日本を一周した

には、クランク軸という一番大事な部品が真っ二つに折れてしまい、仕方なく重いリキシャを引っ張って百キロ以上歩いたこともあった。それでも最後にはなんとかなってきた。そんな成功体験（じゃなくて失敗体験だ）の積み重ねが、僕を楽天的な性格に変えたのだと思う。

　最悪の状況を考慮に入れて、万全の準備をして臨むのが「本格的な冒険」だとしたら、僕の旅はその対極にあるものだ。準備は最小限にして、あとは偶然に身を任せ、その偶然性がもたらす驚きを楽しみながら、旅を続けてきた。毎日のように起こるトラブルを、人の助けを借りながらなんとか切り抜けていくうちに、過去の決断を悔やむことも、未来の失敗を恐れることも少なくなった。そしていつの間にか「なんくるないさー」を座右の銘にするほど楽天的になっていたのだった。

　僕は旅に鍛えられてきた。一人旅で味わう孤独や不安が、自分の可能性や限界、強さや弱さをはっきりと教えてくれた。言葉も通じない見知らぬ土地を歩き回ることで、僕は等身大の自分を知り、それと向き合えるようになったのだと思う。

　そう、人生にとって大切なことは、みんな旅が教えてくれたのだ。

渋イケメンのこだわり

インドではサングラスをかけている男をよく見かける。日差しがとても強く、しかも乾燥して埃っぽい環境だから、サングラスをかけて紫外線や埃から目を守ろうとしているのだろう。インド人がバイクに乗るときはだいたいノーヘルなのだが、それでもサングラスだけはかけるという人も多い。羽虫やゴミが目に入るのを防ぐためらしいのだが、それだったら最初からフルフェイスのヘルメットを被った方がずっと楽なんじゃないかと思ってしまう。インド人がヘルメットを嫌うのは「暑いから」という理由もあるのだが、何よりも「そんなダサいものは被りたくない」という見栄えの問題が大きいようだ。

もちろん、サングラスはファッションアイテムとしても重要で、多くの人が「イケてる男はカッコいいサングラスをかけるものだ」と考えている。ミラータイプのサングラスをかけ、革ジャンを着て、スポーツバイクにまたがった格好で、「さぁ俺を撮れよ！」とアピールしてくる若者もいた。どうやらボリウッドの映画スターを意識したポーズのようだ。イキがっている高校生みたいなノリでちょっと恥ずかしい気もするのだが、それが意外と似合ってしまうのも実にインド人らしかった。

ヒゲにこだわる男も多かった。上品に整えられたヒゲを持つ男もいたし、口ヒゲを水牛の角のように長く伸ばした男や、顎ヒゲを達磨大師みたいに繋らせた男もいた。インドの床屋では髪を切るのと同じぐらい長い時間をかけて、ヒゲを剃ったり整えたりする。ヒゲの手入れはインド人男性にとって

R15
YAMAHA

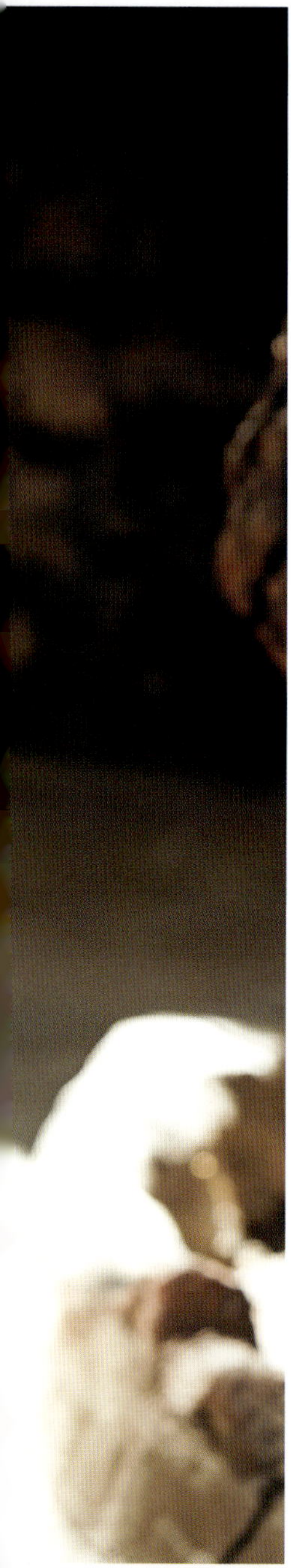

きわめて重要な身だしなみなのである。

流れる滝のような真っ白いヒゲを長く伸ばした老人にも出会った。まるで仙人のようなそのヒゲを伸ばすためには、相当な年月が必要だっただろう。数年、あるいは数十年かかったかもしれない。長いヒゲは日常生活にも支障をきたす。食事の邪魔になるし、夏場は暑い。しかし生活が多少不便になったとしても、彼らはヒゲを長く伸ばす方を選ぶのだ。ヒゲに対して並々ならぬ情熱を持っているのだろう。

インド（だけでなく南アジア圏全般）の男性は、自らの男らしさを強調し、周囲に誇示する傾向が強い。「男は強くたくましくなければいけない」という価値観が広く共有された社会では、同性からの尊敬を勝ち取ることが何よりも重要になるからだ。ヒゲやサングラスはそうしたマッチョな志向にマッチしているのである。

そんなわけでインドでは、日本（も含めた東アジア圏）でよく見られるようなフェミニンな男はまったく人気がない。つるっとしてかわいいジャニーズ系のアイドルなんてものは存在しないし、もしいたとしても誰にも見向きもされないだろう。

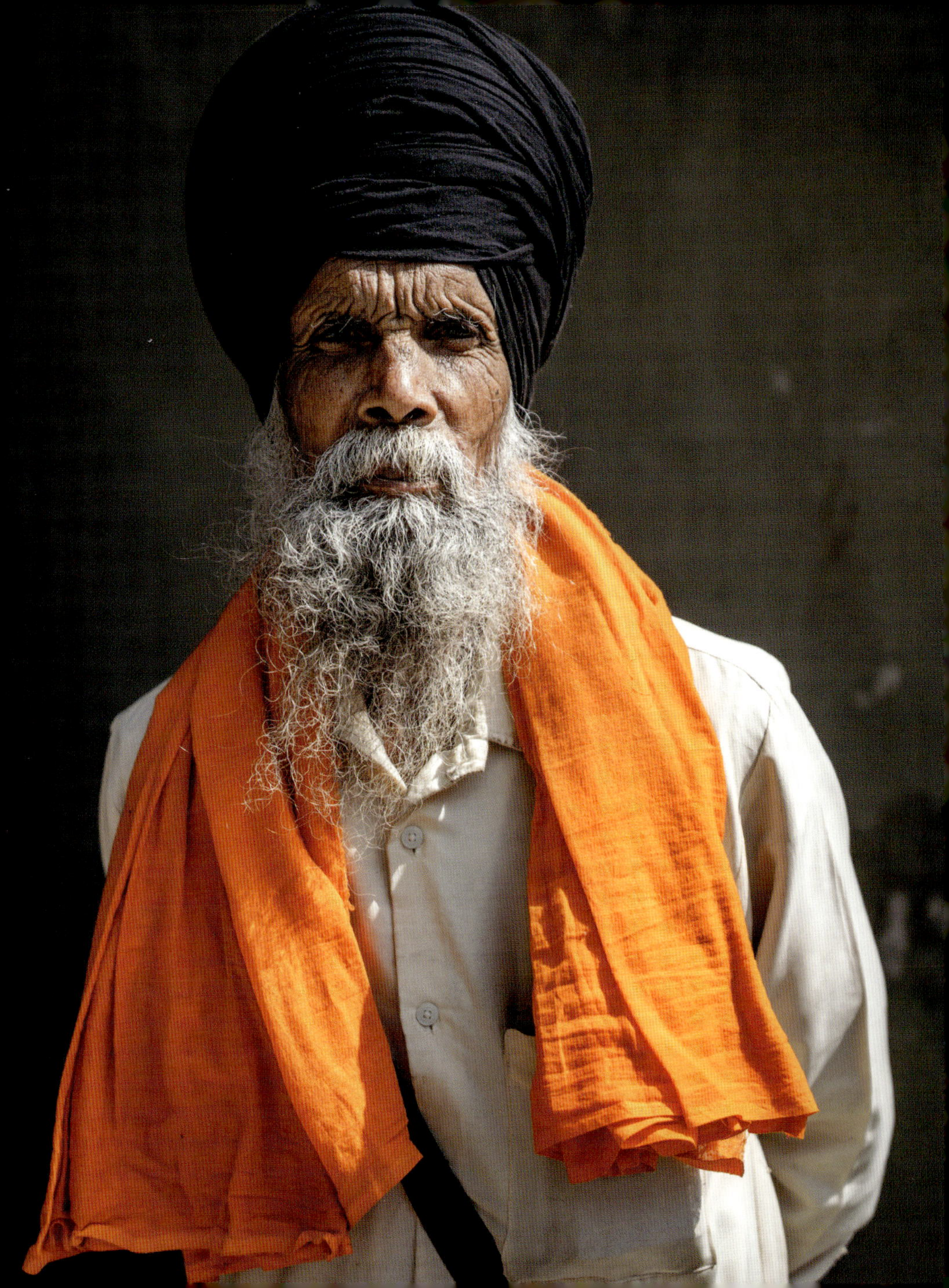

RUPA

Shalimars
PULA

「インド的男らしさ」の象徴とも言えるのが、ターバンである。ただの靴磨きのおじさんが、ターバンを巻いただけで俄然インド人らしくカッコ良く見えてしまう。そんな魔法のアイテムなのだ。

インド北西部ラジャスタン州に住むラバリ族は、特にターバンにこだわる民族として知られている。ラバリ族の男たちは、真っ赤なターバンを頭に巻き、白い服を着て、家畜を追うための長い杖を持っている。一目でそれとわかるユニークなスタイルを何世代にもわたって継承しているのだ。

ラバリ族は山羊や羊、牛や水牛、ラクダなどの家畜を育てて生計を立てている。山羊のミルクは大切なタンパク源であり、貴重な現金収入源でもある。また四ヶ月に一度刈り取るという山羊の毛は、絨毯や毛織物の原料として高値で取引されている。ラクダはラジャスタン地方で伝統的に飼われてきた使役動物だが、最近ではラクダが出す乳が低脂肪で栄養豊富な飲み物として中東や欧米で注目されるようになったので、冷凍したキャメルミルクを外国に輸出する人もいるという。

ラバリ族の村で、結婚式を迎える若者に出会った。新郎は特別なターバンを頭に巻き、純金製の高価なペンダントとピアスを着けて結婚式に臨む。ラバリ族には、結婚後に夫が妻の実家へ引っ越す「婿入り婚」の伝統があり、新郎は持てる財産をすべて金銀などの装飾品に替えるという。今でこそ大半の人が定住生活を送っているが、もともと草地を求めて移動し続ける遊牧民だったラバリ族には、「財産は常に身に付けておくべし」という考え方が根強く残っているのだ。

ラバリ族の男たちはどこを切り取っても絵になった。のんびりとタバコを吹かせているだけなのに、その姿がすごく素敵なのだ。本当のオシャレとは、やみくもに流行を追うのではなく、自信を持って自分のスタイルを貫くことなのだ。ラバリ族の男たちはそう教えてくれている。

パンジャブという地上の楽園

インド随一の穀倉地帯であるパンジャブ州の農村は、地上の楽園のように美しかった。どこまでも広がる小麦畑の緑と、かわいらしい花を咲かせたマスタード畑の黄色が交互に並び、そのあいだを流れる運河には透明な水が満ちていた。きりりと澄み渡った高い空には薄い雲が幾筋も伸び、暖かな陽光が降り注ぐ道には牛やロバが引っぱる荷車がゆっくりと行き交っている。目にするものすべてが心地良かった。これほど穏やかな気持ちになれる場所は、インド中探してもなかなか見つからないだろう。

小麦畑の緑を走り抜けると、小さな村が現れる。村の中心にはシク教の白い寺院があり、その隣には小学校がある。村の農家はどれも高いレンガの塀で囲われていて、その中には山羊や牛がたくさん飼われている。家の外には燃料にするために集められた牛糞が山のように積み上げられている。パンジャブ州の農村風景は、このパターンの繰り返しだった。「村」「畑」「運河」が四、五キロ間隔で繰り返されるのだ。それはこの風景が人の手で計画的に造られたものであることを示していた。

インド北西部にあり、パキスタンと国境を接するパンジャブ州は、ターバンを巻いたシク教徒が多い土地である。インド全体に占めるシク教徒の割合はわずか二パーセント足らずなのだが、パンジャブ州内に限れば六十パーセント以上にもなるのだ。

色とりどりのターバンを頭に巻き、ヒゲを長く伸ばしたシク教徒の男たちは、実に絵になる被写体

だった。顔の彫りが深く、背も高く、胸板も厚い。硬派でマッチョ。男が惚れる男たちなのだ。

もともとパンジャブ人には「戦士の部族」として鍛えられてきた歴史がある。体格が良く、忍耐強く、規律正しい。そのような特徴ゆえに、パンジャブ州出身の兵士はインド軍でもとりわけ有能だと認められてきたという。

往年のプロレスファンにはおなじみのタイガー・ジェット・シンも、パンジャブ州出身のシク教徒だ。サーベルを振り回し「インドの猛虎」と恐れられた悪役レスラーは、もちろん彼の「地」ではなく、作られたキャラクターだったが、「マッチョで血の気が多い」というパンジャブ人の特徴を生かした絶妙のキャラ設定だったとも言えるだろう。

マッチョな外見を持つシク教徒たちには、どことなく近寄りがたい雰囲気があるのだが、実際に接してみると、とても優しくて、写真を撮られることに対してもおおらかだった。僕がカメラを向けると「フォトかい。いいよ、撮りなよ」と胸を反らせてポーズを取ってくれる。そしてその姿をモニターで見せると、「よく写ってるじゃないか！」と無邪気に顔をほころばせるのだ。

過剰なほど親切で、友情に篤く、いかつい外見とは裏腹の無邪気さを持つ。そのようなシク教徒たちの性質は、他のインド人よりもパキスタン人やアフガン人やイラン人に似ていると感じた。パンジャブの地は、地理的にも民族的にも西方のイスラム世界に通じる玄関口になっているようだ。

ターバンはシク教徒にとって大切なシンボルである。正式なシク教徒は髪の毛やヒゲを「神から与えられたもの」として決して切らないし、頭には必ずターバンを巻く。そうした厳しい戒律を守り続

けることによって、シク教徒としての誇りと結束力を内外に示してきたのだ。ヒンドゥー教徒やイスラム教徒に周囲を囲まれたマイノリティーとして生きざるを得なかったシク教徒にとって、ターバンは民族的アイデンティティーの象徴とも言えるものなのだ。

しかし最近では、ターバンを巻かないシク教徒も増えている。サングルール県で農家を営むラブディープ・シンさんも、ターバンを巻いていなかった。「ターバンを巻くか巻かないかは個人の意志に委ねる」というのが父親の方針だったので、彼は若い頃から短髪にして、ヒゲを剃り、ターバンを巻くことなく育った。

僕がラブディープさんと知り合ったのは、カリフラワー畑の真ん中だった。たまたま彼が所有する畑で写真を撮っていたところ、「何をしているんですか?」と声を掛けてくれたのだ。見ず知らずの外国人が畑で写真を撮っていたわけだから、怪しい奴だと誤解されても文句は言えなかったが、ラブディープさんは親切にも「一緒にお昼ご飯でもどうですか?」と自宅に招いてくれたのだった。

昼食は彼のお母さんが作ってくれた。カリフラワーのカレーと、ひよこ豆のスープと、焼きたてのチャパティ、それにタマネギの漬け物とヨーグルトだった。畑で収穫したばかりのカリフラワーは味が濃くて甘かった。

ラブディープさんはターバンを巻かないシク教徒だった

農業機械も普及しているが、ラクダを使った農作業も見られる

ラブディープさんは大学で国際政治を学んだインテリで、流ちょうに英語を話した。都会で働いていたこともあるのだが、今は実家で農業に専念している。五ヘクタールの土地で、小麦と米と野菜を栽培している。六月から九月の雨季には米を作り、十二月から四月の乾季には小麦を作っている。

「運河によってヒマラヤから運ばれてきた水が、この土地を緑に変えたんです」

彼は広々とした小麦畑を見渡して言った。もともとパンジャブ州には乾燥した不毛の土地が広がっていたのだが、それを変えたのが灌漑事業だったという。インダス川の支流に巨大なダムを建設し、そこに貯めた水を運河によって下流の農地に行き渡らせようという一大プロジェクトが、当時の首相ネルーの元で実行に移され、パンジャブに住む人々もそれに惜しみない労力を注いだのだ。一九六〇年代に始まった「緑の革命」の影響も大きかった。収穫量の多い品種が次々に開発され、化学肥料と農薬を大量に投入することで、農業の生産性が飛躍的に高まったのだ。その結果、かつて不毛だったパンジャブの土地がインドでもっとも所得水準の高い州のひとつになったのである。

しかし農業の近代化が一段落すると、農家の収入は伸び悩むようになった。収穫量は頭打ちになり、その一方で燃料代や肥料代が上がり続けたからだ。しかも人口が急増したことで一人当たりの耕作地が減り、農業だけで食べていくことがだんだんと難しくなってきた。ラブディープさんの場合は、奥さんが高校教師として働き、父親も公務員だから、なんとかミドルクラスの生活を維持できている。

問題はパンジャブ州に農業以外の産業が育っていないことだった。インド政府は貧しかったグジャラート州などの工業化を優先し、近代農業の成功ですでに豊かになっていたパンジャブ州の産業育成は後回しにしたのだ。パキスタンとの国境にほど近いことを理由に、外国企業もパンジャブ州への投資には消極的だった。ひとたび印パ間で紛争が起きれば、工場の存続が危なくなる。その警戒感が今でも尾を引いているのだ。

その結果、パンジャブ州の若者の多くは、停滞する地元経済に見切りを付けて、海外に就職先を求めるようになった。特に多いのがアメリカ、カナダ、イギリス、オーストラリアなどの英語圏だ。もちろん希望する全員が外国で働けるわけではない。カナダ、イギリス、オーストラリアなどの英語圏だ。もちろん希望する全員が外国で働けるわけではない。ビザの取得にはお金とコネクションが必要だ。だからそれにあぶれた若者が仕事もせずに町でぶらぶらしていたり、ヘロインなどのドラッグに手を出したりしていて、それがいま大きな社会問題になっているという。

「僕も親戚から『カナダに来ないか』と誘われたことがあります。ここで働くより何倍も高い給料がもらえるからと。悩みましたが、断りました。僕はお金のためではなく、ここで農家として働きたかった。農業はとてもやりがいのある仕事なんですよ」

三十二歳のラブディープさんには六歳になる娘が一人いる。名前はクシ。彼女のお気に入りは「忍者ハットリくん」のアニメで、毎日のように衛星テレビで見ているという。「ドラえもん」をはじめ、藤子不二雄のマンガはインドの子供たちにも大人気なのだ。

奥さんとは恋愛結婚だったそうだ。大学生のときに知り合い、三年間の交際を経て、結婚したという。

「恋愛結婚は今では珍しくありません。親が決めた結婚相手を必ず受け入れるというのは、もう過去のことですよ」

実際には、今でもインド人の大多数は親が決めた相手と結婚（アレンジ婚と呼ばれている）しているのだが、高い教育を受けた人の中には恋愛結婚を選ぶカップルが増えているようだ。それでもまだ「結婚前の男女が二人だけで会うのは世間体が良くない」という風潮は根強く残っていて、だから二、三年も付き合うと、親から「そろそろ結婚しなさい」というプレッシャーを受けることになる。結婚すれば人目を忍んで会う必要もなくなるし、どこへでも自由に行けるようになるではないかと。ラブディープさんもそうしたアドバイスに従って結婚を決めたという。

「僕は彼女の性格をよく知った上で結婚を決めました。アレンジ婚なんて考えられなかった。もちろんアレンジ婚でたまたま良い相手と巡り会うこともあるでしょう。でもそれは宝くじを買うようなものですよ。僕はそんなギャンブルはしたくない。自分の残りの人生を、よく知らない相手と一緒に過ごすなんて考えられません」

アレンジ婚は宝くじと同じ。そんな表現をインド人の口から聞くのは初めてだった。多くのインド人がアレンジ婚に肯定的だということもあるのだが、そもそもこの国には「宝くじ」というものがほとんど存在しないのである。

「禁欲大国」であるインドでは、特に「エロ」と「酒」と「ギャンブル」に対するタブー意識が強い。

インドの酒屋は鉄格子で囲われている

映画や雑誌で女性がヌードになるのは御法度だし、酒屋は鉄格子で囲われていて「まともな人間が立ち寄る場所ではない」という雰囲気を漂わせている。違法・合法を問わず、ギャンブル熱も低い。デリーやムンバイなどの大都市には英国植民地時代に始まった競馬場があるが、これはあくまでもお金持ちや外国人向けの娯楽という位置づけであり、庶民には縁遠いものだ。

ところがパンジャブ州では、宝くじが堂々と売られていたのである。宝くじをギャンブルと呼んでいいのかは微妙なところだが、小さな投資で大きなリターンを期待するのだから、賭博の一種だと言ってもいいだろう。

パンジャブ州政府が発行する公営宝くじは、一等賞金三千万ルピー（四千八百万円）が二本当たるというものだった。くじが一枚百ルピー（百六十円）と高いわりに賞金額はさほど高額ではないが、いずれにしても三千万ルピーというのはインド庶民にとってとてつもない大金である。ちなみに前回一等をゲットしたのは、メガネをかけた初老の教師だったそうだ。

「この国では長年、親が決めたことに子が従うのが当然とされてきました」とラブディープさんは言った。「結婚相手も、仕事も、何にお金を使うかまで、自分で自由には決められなかったのです。そういう考え方はもう古いと僕は思う。ターバンを巻くのも巻かないのも、酒を飲むのも飲まないの

も、肉を食べるのも食べないのも、自分の意思で決めるべきなんですよ」

「そして、あなたはここで働くことを選んだんですね？」

「その通りです。都会で働いたこともあるし、外国に住みたいと思ったこともあります。でもやっぱりこの村が一番いい。こんなに美しく、静かな場所は他にはないですから」

その言葉は誇張ではなかった。これほど静かで美しい村は、インドにはほとんどない。それだけはインドを七周した僕にもはっきりと断言できた。聞こえてくるのは風が木々を揺らす音だけ。リスが庭を駆け回り、小鳥のつがいがもつれ合うようにして空を飛ぶ。本当に静かだった。食後にチャイを飲みながら日向ぼっこをしていると、それだけで満ち足りた気持ちになった。

「今が一番いい季節です。冬は気温が零度近くになるし、夏は五十度近くになる。気候が極端なんです。僕らはそれに慣れているから、どうってことありませんが」

彼は笑ってチャイグラスを置いた。そろそろ行くよ、と僕が腰を上げると、彼は近所でとれたばかりのミカンをいくつか袋に入れて持たせてくれた。最初から最後まで親切な男だった。

別れ際には、握手だけでなく、胸と胸を合わせてしっかりと抱き合った。このパンジャブ流の大げさな挨拶は、最初の頃は照れくさかったが、何度も繰り返すうちに慣れてきた。彼らは言葉や表情だけでなく、体ごと相手を感じているのだ。

外見から想像していたとおり、彼の胸板は分厚かった。畑仕事で鍛えられた、立派な農民の体だった。

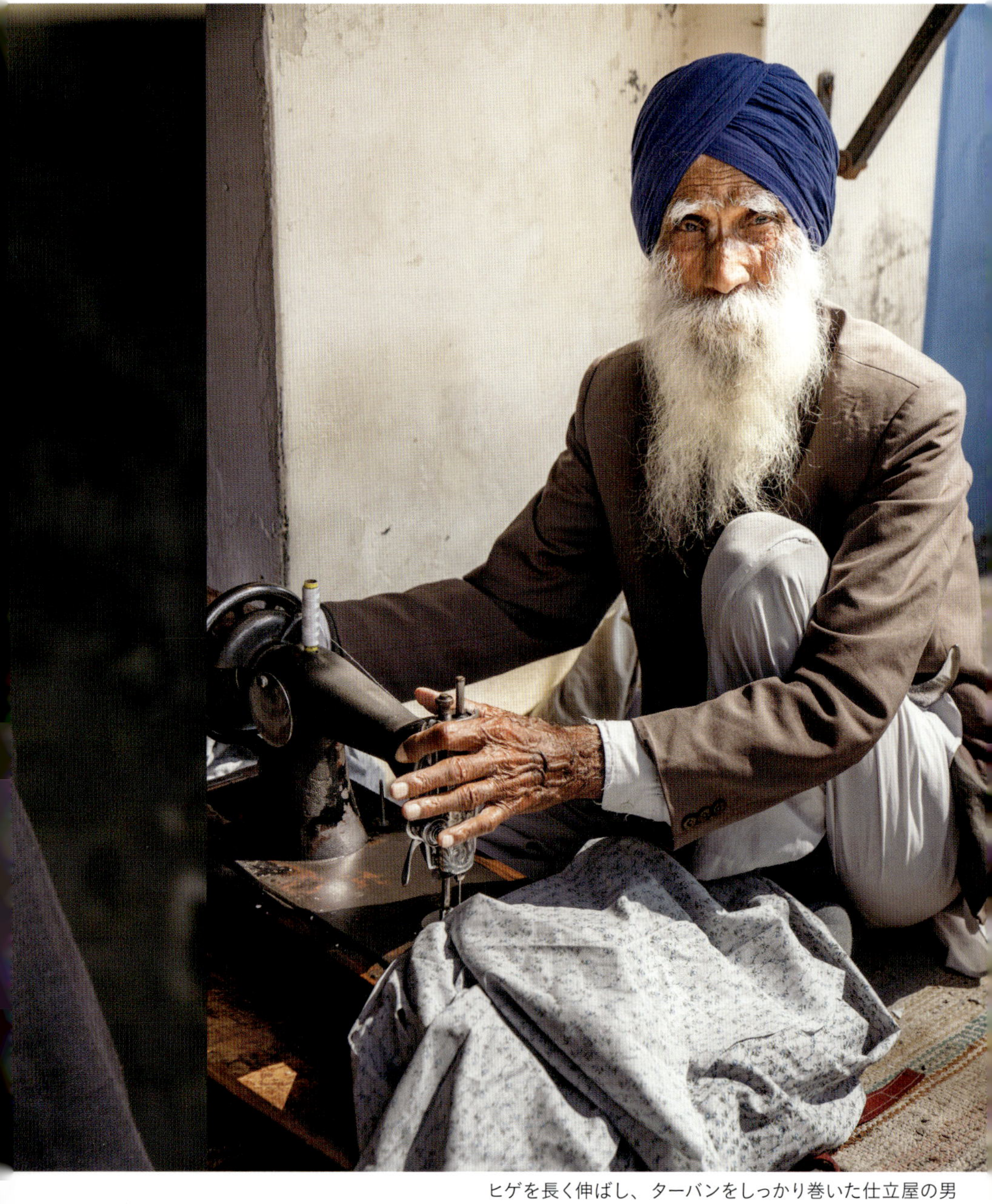

ヒゲを長く伸ばし、ターバンをしっかり巻いた仕立屋の男

実家の農業を手伝う二十歳の若者もターバンを巻かないシク教徒だった

市場を歩こう

インドの市場はとてもカラフルで活気溢れる場所だ。トマトの赤、ピーマンの緑、バナナの黄色、ナスの紫、ジャガイモの茶色。鮮やかな色彩に圧倒される、実にフォトジェニックな空間なのである。

市場に並んでいる野菜や果物は、新鮮で値段もすごく安かった。トマトなら一キロ十ルピーから二十ルピー（十六円から三十二円）ほどだし、ジャガイモやタマネギはもっと安い。インドは世界的に見ても物価が安い国だが、その中でも野菜の安さは際立っていた。

花も市場でよく見かける商品だ。プージャというヒンドゥー教の儀式には、お供え物として大量の花が欠かせないから、マリーゴールドやバラなどの生花がキロ単位で量り売りされているのだ。

近年、インドでも郊外型ショッピングモールやスーパーマーケットなどの大規模小売店が数を増やしつつあるが、それでも消費の中心は相変わらず個人商店と市場である。これは売る側、つまり零細小売業者の仕事を奪わないために、大型店の拡大を法律で規制してきた結果のようだ。

インドには無数の零細小売業者がいる。朝、ミカンやバナナを台車一杯分仕入れて、それを一日中売り歩いて得たわずかな利益で、なんとかその日を生きているような人々が数千万人単位でいるのだ。

もし大型スーパーが無秩序に店舗数を拡大したら、こうした零細小売業者があっという間に淘汰されてしまい、職を奪われた人々が路頭に迷って社会不安が起きる。そうした懸念があるから、インドでは大型店の出店が厳しく制限されてきたのだ。消費者の利便性や経済効率をある程度犠牲にしてでも、「みんな貧しいけど、食いっぱぐれることはない」という平等性を優先してきたわけである。

インド各地の市場を歩き回っていると、「地域によって市場で働く人の男女比が違う」ということに気が付く。たとえばオリッサ州の市場では圧倒的に男性が多いのだが、隣のアンドラプラデシュ州に入ると、逆に女性の方が優勢になるのだ。そして市場に男性ばかりいる土地は、保守的で宗教色が強いという傾向があり、市場に女性が多い土地は、仕事を持ち、自分でバイクを運転する自立した女性が多くなるという傾向が見られる。つまり市場を歩けば「男性優位の社会」なのか、それとも「男女平等に近い社会」なのかが一目でわかるということだ。市場は社会の縮図なのである。

特定の農産物だけを専門に扱う卸売市場も、歩くのが楽しい場所だった。トマトやジャガイモ、トウモロコシ、米、小麦など、主要な作物を大量に売買する市場は、規模がとても大きく、そして渋イケメンたちが額に汗して働く現場でもあった。

PBR

南部タミルナドゥ州のトリチーという町には、見渡す限りバナナだらけの屋外市場があった。収穫されたバナナは、仲買人によって競り落とされた後、運び人たちの手でトラックに積み込まれ、インド各地に運ばれていく。黄色く熟してから出荷するとバナナが傷みやすくなるので、まだ青い状態で運ばれるのだそうだ。

中部マハラシュトラ州にはウコン（ターメリック）の卸売市場があった。ウコンはインド原産の黄色いスパイスで、二千年以上前から栽培されているという。ウコンには美肌効果もあるようで、グジャラート州には結婚式を迎える新郎新婦とその家族がお互いの顔にウコンを塗り合うという不思議な習慣もあった。

カルナータカ州には豆専門の卸売市場があった。豆もインド人の暮らしには欠かせない食品だ。肉を食べないベジタリアンが多いインドでは、豆は良質で安価なタンパク源として必ず食卓に上るも

のなのだ。
豆市場では、百キロ入りの南京袋に詰められた豆が、次々とトラックから下ろされていた。仲買人によれば一日一万袋以上の豆が取引されているという。取扱量が一番多いのは、ヒンディー語でチャナと呼ばれているヒヨコ豆だ。これはスパイスと一緒に煮て、ダールと呼ばれる豆スープにして食べることが多い。ちなみにチャナの卸値は一キロ三十七ルピー（五十六円）だった。
豆市場の男たちは、豆をスナック代わりにボリボリと囓りながら働いていた。「あんたも食べてみな」と分けてもらった乾燥豆はものすごく硬かった。奥歯にしっかりと力を込めないと噛めないぐらいハードで、続けて何個も食べるとアゴが疲れてしまうほどだった。
「やわらかいものばかり食べている現代人は噛む力が弱くなり、アゴが細くなる」という話はどうやら本当のようだ。この市場で働く男たちは、み

んなアゴの骨と頬の筋肉が発達したがっしりとした顔立ちをしていたからだ。日々の食べ物は人の顔の形まで変えてしまうようだ。

インドに数ある市場の中でも、もっとも刺激的なのがトウガラシ市場だった。トウガラシはターメリックやシナモン、カルダモン、クミンなどと並んでインドを代表するスパイスのひとつだ。実際、インド人一人あたりのトウガラシ消費量（一日二・五グラム）は日本人の約十倍にもなるというから驚きだ。「カレーは辛い」という当たり前の事実は、この豊富なトウガラシによって支えられているのだ。

ちなみにインドはトウガラシの生産量でもぶっちぎりの世界ナンバーワン（年間二百十万トン）であり、二位のタイ（三十五万トン）に六倍もの大差をつけて独走している。

南部アンドラプラデシュ州にあるトウガラシ市

場には、毎日大量のトウガラシが運び込まれ、保存性を高めるために天日干ししてから、各地の市場へと運ばれていた。とにかく量が多いから、干し方も豪快だった。南京袋に入ったトウガラシをコンクリートの床の上にドバーッと広げて、それを手づかみでわっさわっさとかき混ぜていくのだ。

あたり一面に広がる鮮烈な赤と、そこで働く男たちの姿はとてもフォトジェニックだったが、撮影するのは大変だった。トウガラシをかき混ぜると、辛み成分のカプサイシンが大量に揮発するので、そばにいるだけで目や鼻の粘膜が刺激されて、涙と鼻水が止まらなくなってしまうのだ。市販の催涙スプレーのほとんどはカプサイシンを主成分にしているそうだが、その理由がよくわかった。こんなものをまともに食らったら、どんな猛者でもたちまち戦意を喪失するだろう。

市場で働く男たちは、普段からカプサイシンに慣れている「トウガラシのプロ」のはず。だから平気で仕事をしているのかと思いきや、全然そんなことはなかった。彼らもトウガラシを混ぜるたびにクシャミや咳を連発し、涙をぼろぼろと流していたのだ。

だったらマスクを着けるとか、かき混ぜ方を工夫するとか、何らかの対策を講じればいいと思うのだが、そうしないところが実にインドらしい。そんなわけで今日も明日も明後日も、市場の男たちはトウガラシをかき混ぜながらクシャミと咳を連発しているはずである。

インドを美味しく旅するコツ

旅先で美味しいインド料理にありつくために、僕が心掛けているコツがいくつかある。ひとつ目は「ベジ（菜食）料理を食べるときはタンドリー窯のあるシク教徒の店に行け」である。シク教徒が経営するパンジャビ料理店は、国道沿いなどのロードサイドに店を構えていることが多く、トラック運転手などに絶大な人気を誇っているのだが、僕が何よりも重視しているのは、店にタンドリー窯が置かれているかどうかだ。この窯があるのとないのとでは大違いなのだ。

インド料理でもっともメジャーな主食は、チャパティと呼ばれる全粒粉の無発酵パンで、これはフライパンで焼けばいいので、作るのが簡単で値段も安いのだが、食感が硬くて味がイマイチなのである。その点、タンドリー窯がある店では、香ばしいタンドリー・ロティやふっくらとしたナンがいつでも用意されているので、パサパサで味気ないチャパティを食わされる心配がないのだ。

パンジャビ料理店で頼むおかずの定番は「パニール・バター・マサラ」である。パニールというのはカッテージチーズを押し固めたもので、これを使えば淡泊になりがち

タンドリー窯で焼かれたロティは香ばしくて美味しい

山羊の肉をさばくムスリムの肉屋

なベジ料理にもほど良いコクが出るし、栄養的にも満点だ。ジャガイモや豆のカレーに比べるとやや値は張るのだが、その価値は十分にある。

二つ目のコツは「ノンベジ（肉食）を食べるときはムスリムの店に行け」である。人口の八十パーセントを占めるヒンドゥー教徒は基本的に肉食を好まないのだが、人口の十四パーセントを占めるムスリム（イスラム教徒）たちは肉をよく食べるし、肉の調理法にも精通しているから、肉料理はムスリム食堂で食べるべきなのだ。安くて美味しいムスリム食堂は、だいたい古い街の曲がりくねった路地裏にある。ムスリムたちは新しく発展した新市街ではなく、旧市街に集まって暮らす傾向があるからだ。

インドで食べることができる肉のほとんどはチキンかマトンである。ビーフを出す店も一応はあるのだが、牛肉のタブーを持つヒンドゥー教徒に配慮して、ほとんどの店は牛肉を出さない。豚肉を出す店はさらに少なくて、一部のキリスト教地域を除けばほぼ皆無だ。

串焼きのシークカバブや、羊のひき肉を使ったキーマカレーも美味しいが、ムスリム食堂で特にお勧めなのがビリヤニである。ビリヤニはスパイスでしっかり味をつけたマトンやチキンを混ぜ込んだご飯のことで、店によって味の差が激しい料理でもある。ホロホロになるまで煮込まれた鶏肉がたっぷりと入った極上のビリヤニが食べられた日は、一日中幸せな気分に浸れるのだが、トウガラシの強烈な辛さだけで他にまったく味がしないビリヤニ（味覚障害になったのかと思ったほどだ）を食べさせられた日は、一日中腹立たしくて仕方なかった。ビリヤニの美味しい店とまずい店を事前に見分ける方法は、今のところ見つかっていない。あったらぜひ教えてほしいんだけど。

南インドで美味しい料理を食べるためには、「どこで食べるか」だけでなく、「いつ食べるか」にも十分注意したい。行動時間が地元の人とズレてしまうと、売れ残りの冷めた料理を食べさせられる羽目になりかねないからだ。

昼食は炊きたてのご飯が用意される十二時から一時ごろに食堂に行き、ミールスを頼むのがベストだ。南インドの定食・ミールスはテーブルにバナナの葉っぱを一枚敷き、それをお皿代わりにして食べるのが特徴だ。お皿の真ん中にはお椀を伏せたようなたちにご飯が盛られ、その周りに野菜のカレーが三、四種類盛られる。独特のクセのある漬け物（アチャール）と、ヨーグルト（ダヒー）が付くこともある。

ミールスはバナナの葉をお皿代わりにして食べる

お代わり自由なのも、ミールスの良いところだ。ご飯が少なくなると、給仕係が勝手に追加してくれる。ご飯だけでなく、サンバルという野菜スープも食べ放題である。だから調子に乗って食べ過ぎないように注意しなければいけない。

朝食は八時から九時の間に軽食専門店（ティフィン）に行くのがいいだろう。この時間には揚げたてのワダが食べられる可能性が高いからだ。ワダは豆粉を揚げたドーナッツで、「もし揚げたてワダに出会えたら、何を置いても食べるべき」と断言できるほど美味い。衣はサクサクで、豆粉の生地はしっとりしている。それを後味爽やかなココナッツ・チャツネに浸して食べるのである。あぁ想像しただけで生唾が出てきてしまう。

円錐型に巻かれたドーサ

ドーサも南インドを代表する軽食だ。発酵させた米粉の生地をクレープのように焼いたもので、少し酸味のあるパリパリの生地を手でちぎりながら、ハフハフと頬張るのが最高に美味い。

カルナータカ州にあるフブリという町で食べたドーサは、不思議なかたちをしていた。とんがり帽子みたいな円錐形に巻かれたドーサが、丸い皿の上に載せられて出てきたのだ。これはドーサの命とも言うべきパリパリ感を持続させるための工夫だった。普通のドーサは折りたたまれた状態で出てくるので、時間が経つと生地の下の部分が水蒸気で湿ってしんなりとなってくる。しかし

揚げたてワダに出会えたら、何を置いても食べるべきだ

円錐形に丸めると、皿に接する部分が少なくなって、最後までパリパリ感が続くというわけだ。素晴らしいアイデアである。

しかし中には、せっかくのパリパリ感を台無しにしてしまうダメな店もあった。運ばれてきたときはパリパリのドーサだったのに、そのあと現れた給仕のおっさんがその上からサンバル（野菜スープ）をぶっかけてしまったのである。日本で言えば、揚げたての天ぷらに問答無用で味噌汁をぶっかけるようなもの。

おい、俺のドーサに何するんだよ！

慌てて手をかざして止めようとしたのだが、時すでに遅かった。お皿の上にはサンバルをたっぷり吸い込んでふにゃふにゃになった無惨なドーサがへたっと横たわっていたのだった。合掌。

これと同じような事は、ワダを食べているときにも起こった。揚げたてサクサクのワダの上から、サンバルをぶっかけようとする給仕がいたのである。まったく油断も隙もあったもんじゃない。

どうやらインド人にとってサクサク感やパリパリ感はさほど重要ではないらしい。サクサクにしろふにゃふにゃにしろ、胃袋に収まってしまえば同じじゃねーか、と考えているのかもしれない。

僕が初めてインドを訪れた二〇〇一年当時と比べると、インドのレストランの味は確実に向上して

いると思う。物価も上がったが、味も良くなった。経済的に豊かになるにつれて、人々が食事に求めるものが「とりあえず空腹を満たすもの」から「より美味しい食べ物」へと変わってきたのだろう。しかし今でもちょっと油断すると、「なにこれ？」と言いたくなるような、まずい料理に当たってしまうことがある。いつどこで何を食べるべきなのか、旅行者の勘と推理力が試されるのが、インド飯なのである。

郷土料理には特に注意が必要だ。「そこでしか食べられないローカルフード」というのは旅心をくすぐるものだが、そうした料理が美味い確率はかなり低いと言わざるを得ない。たとえばマディヤプラデシュ州で食べたバフラは、チャパティを普通の三倍ぐらい分厚くして炭火で焼いた郷土料理だった。そもそもチャパティ自体がパサパサで口の中の水分をすべて吸い取ってしまうような食べ物なのに、それを三倍も分厚くしているのだ。そんなもの美味しいわけがない。

ラジャスタン州のビーンマルという町で食べた「ダールバティ」もひどかった。小麦の全粒粉をピンポン球大に丸めて焼き固めたバティを、右手でぎゅっと握りつぶして（あるいはジューサーを使って）細かく砕き、それにダール（豆スープ）をかけて食べるという料理である。

一度焼き固めたものを、なぜ再び砕くのか意味がわからなかったし、砕かれたバティもパサパサで味がほとんどなかった。まるでおがくずを口に詰め込まれたような気分だった。伝統料理を貶めるつもりはないのだが、残念ながらこの店の「ダールバティ」は家畜のエサに近い代物だった。

しかも、このバティを焼くときに燃料として使われていたのが、牛糞だったのである。乾燥させた丸い牛糞燃料の上に、バティを直接置いて焼いているのを見てしまったのだ。当然、バティの表面に

牛糞燃料で焼かれたバティ

は牛糞の灰がつくし、それが食べる人の口に入るのは避けられない。インド人にとって牛糞は汚いものではないし、家庭用燃料として普通に使われているのは知っているのだが、それでも気分は良くなかった。「俺、牛糞食べちゃったのかよ」と思った。

このダールバティを食べた日を境に、僕は深刻な食欲不振に襲われた。何を食べても美味しいと感じられなくなり、やがて食堂の前を通るだけで反射的に胃がきゅっと収縮するようになってしまったのだ。もともと食に対するこだわりが少なく、どんな土地のどんな料理でもだいたいは美味しく食べられる僕にとって、これはあまり経験したことのない事態だった。旅の疲れがたまっていたこともあるが、やはり「牛糞を食べてしまった」という心理的なダメージが大きかったのだと思う。

その後の数日間は、まともに食事をとることができず、果物とポテトチップスだけを食べていた。ポテトチップスはどこでも売っているし、安くて美味しいので、スパイシーなインド料理に飽きたときの「避難先」にうってつけなのだ。十年ぐらい前まではポテトチップスも「マサラ味」が大半を占めていたのだが、徐々に「塩味」や「クリームオニオン味」といった非マサラ系が優勢になってきた。さすがのインド人も「ポテチはマサラ味じゃない方が美味い」という事実を認め始めたようだ。

そうこうしているうちに、なんとか食欲も回復してきたのだが、あの「ダールバティ」だけはもう二度と食べる気にはならなかった。

チャイ屋に集う渋イケメン

インドを代表する飲み物といえば、やはりチャイが真っ先に頭に浮かぶ。インド人はとにかくチャイをよく飲む。日本のように飲料の自動販売機がないインドでは、その代わりに町のいたるところにチャイ屋があって、作りたてのチャイが飲めるのである。十メートルおきにチャイ屋が並んでいるような過密地域さえある。まさに「犬も歩けばチャイ屋に当たる」状態。チャイ屋に必要な商売道具はガスコンロと鍋とカップぐらいだから、誰でも簡単に始められるのだろう。

チャイは地方によって作り方や味に違いがあった。たとえばタミルナドゥ州では、容器を高々と持ち上げて、豪快に泡を立ててチャイを作っていた。熟練した職人ほど泡がよく立つという話だが、確かに泡立ちのいいチャイ屋で飲むチャイは例外なく美味かった。

グジャラート州では、チャイはカップではなく、平べったいお

タミルナドゥのチャイ屋は豪快に泡を立てる

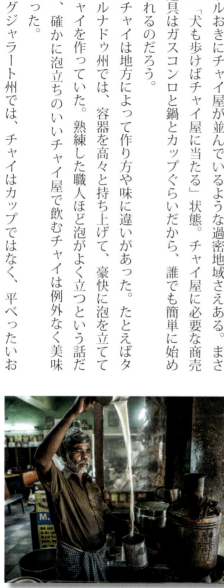

皿に注いで飲むのが一般的だ。「この方が早く冷めるから」という理由でそうしているらしいが、慣れないうちはかなり飲みにくい。ちょっと揺れるだけで、お皿からチャイがこぼれてしまうからだ。

このようにインドではごくありふれた存在であるチャイ屋だが、これまで僕は自分の財布からお金を出してチャイを飲む機会がほとんどなかった。いつも街の男たちにおごってもらっていたからだ。

僕がチャイ屋のそばを通りかかると、チャイをすすっている客の男たちが、

「あんたどっから来た?」と声を掛けてくる。

「日本から来たんですよ」と答えると、

「そうかそうか。じゃあ、ここに座ってチャイでも飲んでいきなさい」

という展開になるのである。こうしてご馳走してもらったチャイの代金は、払おうとしても絶対に受け取ってもらえない。客人をチャイでもてな

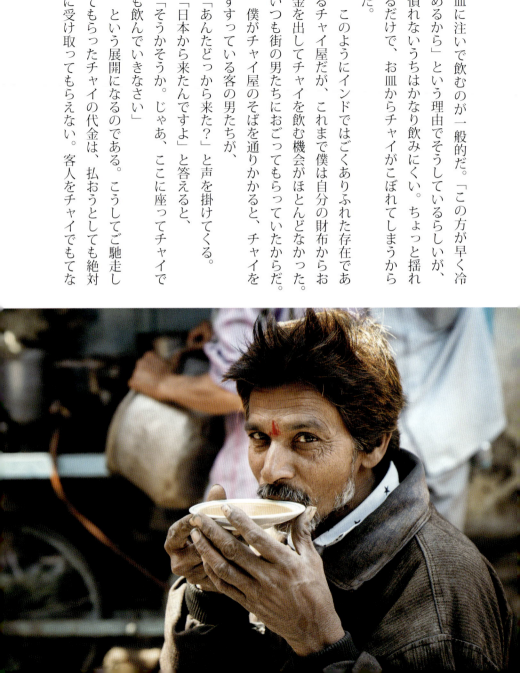

すのは当たり前のこと。それがインド人の常識なのだ。

酒を飲む習慣がないインドでは、チャイ屋は男たちの憩いの場であり、社交や情報交換の場でもある。そんなところに僕のような外国人がひょっこり現れるというのは、彼らにとっても珍しい出来事で、ちょっとしたアトラクションなのだろう。特にムスリムが住む旧市街では「チャイをおごられる率」が高く、すべてに応じていたらとても前に進めないぐらい頻繁に「チャイ飲んでけ！」と声を掛けられることになるのだった。

チャイ屋は、渋イケメンの撮影場所としても重要だった。仕事中の真剣な表情とは違って、チャイ屋にいる男たちはリラックスしたいい笑顔を向けてくれるからだ。仕事の合間に甘いチャイを飲み、タバコを吹かせることで、リフレッシュしているのだろう。

インド人はよく笑う。

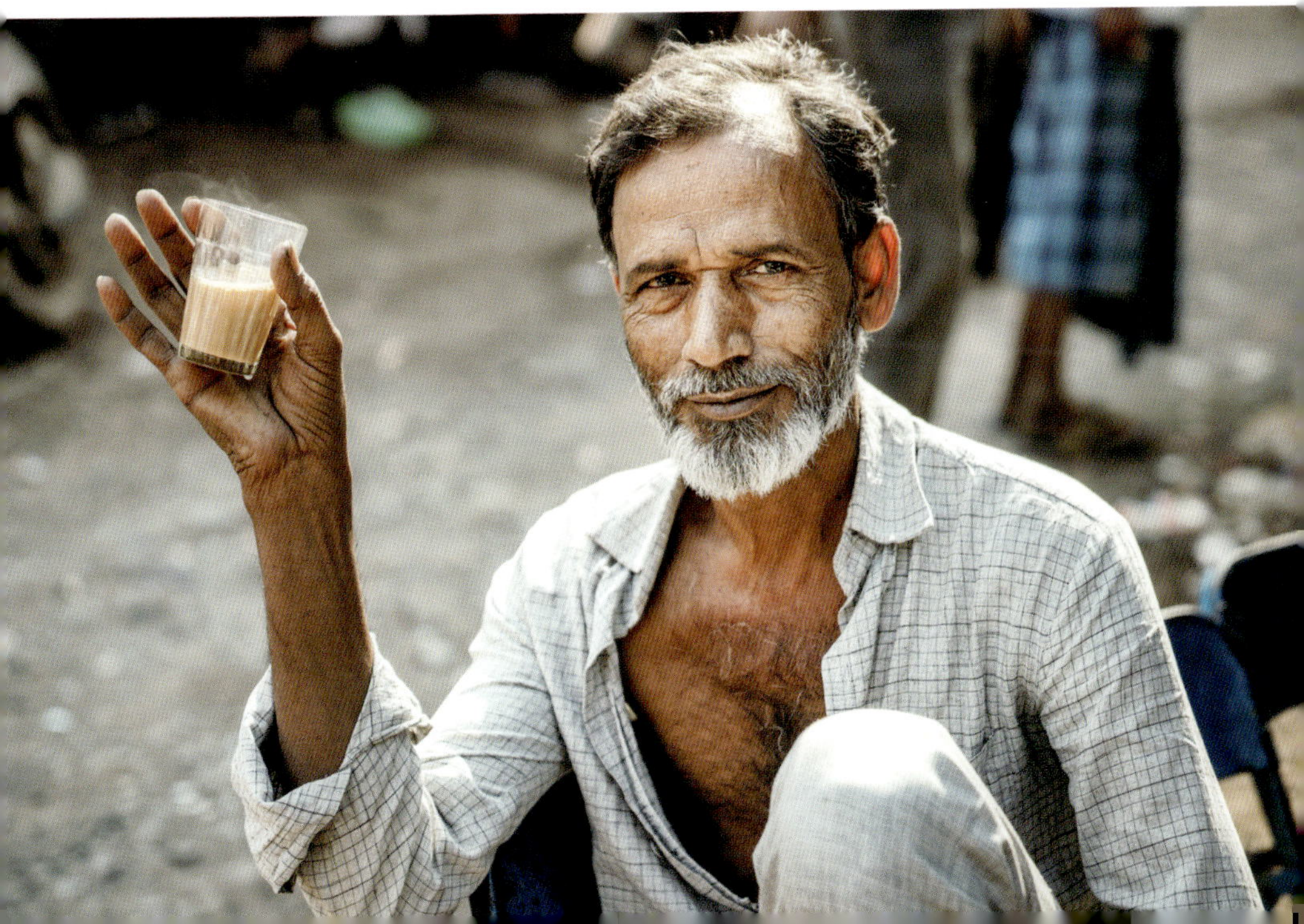

こう言うと意外に思う人もいるかもしれない。実際「インド人はなんでいつも仏頂面なんだ！」と腹立たしげに話している日本人旅行者にも会ったことがある。確かにインド人は「愛想笑い」や「営業スマイル」が得意ではないから、雑貨屋の店員も、ホテルの従業員も、オートリキシャのドライバーも、お客に対して愛想良く接してくれるわけではないし、こちらが笑いかけても鉄のような無表情を崩さない人もいる。

しかしそれはインド人が「笑顔が不要な場面では無理に笑わない」という性質を持っているからであって、心から楽しいときや、親愛の情を示したいときには、実によく笑うのだ。感情を装ったりしない分、日本人よりも喜怒哀楽が激しく、ストレートでわかりやすいのである。

インド人が笑うとき、それはいつも心からの笑顔なのだ。

「甘党の国」を支えるサトウキビ

インドは「甘党の国」である。まずチャイが甘い。ミルクに茶葉と砂糖をぶち込んで、鍋でぐつぐつと煮立てて作る濃いミルクティーは、暑さでへばった体に糖分を染み渡らせるのにはいいが、「微糖」「甘さひかえ目」「シュガーレス」といった言葉が溢れる日本で暮らす者の舌には、正直言って甘すぎるのだ。

スイーツももちろん激甘だ。基本は小麦粉と牛乳と砂糖を混ぜ、加熱して固めたもので、見かけのバリエーションはいくつかあるものの、「とんでもなく甘い」という味の特徴は変わらない。たとえばインドでもっともポピュラーなお菓子のひとつジャレビは、小麦粉の生地を油に直接落として揚げてから甘いシロップにどっぷりつけ込んだもので、歯が痛くなるほどの甘さだし、小麦粉と牛乳で作った丸い団子をシロップにつけたグラブジャムーンというお菓子もやはり激甘だった。

インドは世界最大の砂糖消費国であると同時に、ブラジルに次ぐ世界第二位の砂糖生産国でもある。そもそも砂糖はインド人が発明し、世界に広まったもの。サトウキビの搾り汁を煮詰めて糖蜜を作る方法は、紀元前二〇〇〇年ごろのインドで最初に発見さ

ジャレビはインドの激甘菓子の代表格だ

れたと言われているし、輸送に便利な粉砂糖を発明し、砂糖文化を世界中に広めたのもインド人だった。歴史的に見ても、インド人が筋金入りの甘党なのは当然なのである。

サトウキビ作りはインドの主要産業のひとつだが、栽培方法は昔からあまり変化がないようだ。人の手で畑に苗を植え、三メートルほどの背丈にまで成長したら、鎌を使って手刈りしていく。機械化が進んでいないサトウキビ栽培は、今も昔も多くの人手を必要とする労働集約型産業なのだ。

今ではインドにも良質な白砂糖を生産する大規模な製糖工場があるのだが、昔ながらの製法で「グル」と呼ばれる粗糖を作る零細工場も数多く残っている。グルはサトウキビの搾り汁を沸騰させて作る含蜜糖で、白砂糖のように遠心分離機を使って糖蜜を分離しないので、サトウキビが持つミネラルと濃厚な甘みを残した素朴な味わいを楽しむことができる。

南部タミルナドゥ州はサトウキビの生産が盛んな州のひとつで、グルを作る零細工場も各地に点在していた。グルの製法はとてもシンプルだ。まず収穫したサトウキビを大きな歯車の間に通して、樹液を搾る。その搾り汁を直径三メートルほどもある巨大な鍋でぐつぐつと煮立てて水分を飛ばし、凝固を進めるために石灰を加える。そのまま三十分ほど煮詰めたら、その糖蜜を四角い木の容器に移し

替え、かき混ぜながら冷ましていく。そしてドロドロになった糖蜜を、四角い穴がたくさん空いた木型に流し込み、五分ほどおいて完全に固める。最後に、木型をひっくり返して、木槌でトントンと叩いてやると、成型されたグルが出てくるのだ。
グル工場はすさまじく暑かった。朝から晩まで燃料となるサトウキビの搾りカスを燃やし続けているので、工場内はまるで蒸し風呂のような状態だった。特にかまどの近くは頭がクラクラするほど暑いのだが、火の番をしている男は顔色ひとつ変えず、黙々と自分の仕事をこなしていた。生きるために汗を流し、身を粉にして働く。そんな渋イケメンのたくましい姿が、ここにもあったのである。

メタボ化するインド

ここ数年のあいだに、メタボ体型のインド人が一気に増えたという印象がある。経済成長に伴って食生活が豊かになり、つい食べ過ぎてしまう人が増えたのだろう。ごく最近まで日々の食事にも事欠く暮らしを送っていた人も多いから、「腹一杯食べられるのが幸せ」という価値観も根強いはずだ。町に住む人が以前のように肉体労働をしなくなり、デスクワークが増えたことも、メタボ化が進んでいる原因のひとつかもしれない。

食べ物にも問題がある。チャイやスイーツは砂糖たっぷりで甘すぎるし、日々の食事も炭水化物が中心だ。日本人は年を追うごとに米の消費量が減り続け、「おかず食いの国」になっているが、インドはまだ主食である穀物を大量に食べている。たっぷりのご飯（またはチャパティやロティ）と野菜、それに豆のカレーというのが基本メニューなのである。

インド人は揚げ物も大好きだ。チャパティの生地を油で揚げたプーリーや、小麦粉の皮でジャガイモや豆を包んで揚げたサモサが、町のいたるところで売られている。年中暑くて食べ物が腐りやすいインドでは、「一度揚げておく」のが保存性を高める上で重要なのだろう。

サモサはもっともポピュラーな揚げ物

マハラシュトラ州で食べられているパオラは、普通の丸パンに衣を付けて油で揚げたパンの天ぷらで、「キング・オブ・炭水化物」とでも言うべきB級グルメだった。何の変哲もないパンがサクサクの衣をまとうことで香ばしく変身して実に美味いのだが、日頃からこんなものを食べていたらお腹だって出てくるよなぁ、とも思うのである。

そんなインドで社会問題化しつつあるのが、糖尿病患者の急増である。インドの成人の糖尿病罹患率は七パーセントで、これは日本人の五パーセントよりも多く、すでに先進国並みの水準に達しているとも言われている。

しかし当のインド人は太りすぎをあまり気にしてはいないようだ。むしろ太っていることに対して「恰幅が良い」「羽振りが良さそう」といったポジティブなイメージを持っている人が多い。痩せている人は「貧弱」で「貧乏」だと見なされる傾向があるのだ。確かに貧しい小作農やリキシャ引きはほぼ間違いなく痩せているし、きらびやかなサリーを着た裕福なご婦人はセイウチのように肥えている。インド人にとって、太っていることは一種のステイタスシンボルなのだ。

特にメタボ率が高いのが警官である。痩せている警官を探すのが難しいぐらい、みんなよく太っている。まるで「太るのは警官の仕事」だと言わんばかりだ。実際のところ、インドの警察官の仕事の半分ぐらいは（いや、ほとんどと言っていいかもしれない）、「権力の象徴」としてその場でにらみをきかせることなのだ。

街中で見かける交通警官たちはいつも交差点の真ん中に突っ立っているだけで、特に何もしていない。交通整理をする様子もない。ただ「俺はここにいるぞ」とばかりに胸を反らして立っているだけなのだ。一般庶民は権威に弱いから、上から威張り散らしていれば自然に秩序が保たれると考えているようだ。

そんなわけで警官は体が大きく、恰幅も良くなければいけない。実際にケンカが強いかどうかは別にして、絶対に弱そうに見えてはいけない。この国では本当に「太るのは警官の仕事」なのだ。

今でもインドは「世界でもっとも肉を食べない国」だ。インド人が口にする食べ物(一日に摂取するカロリー)のうち肉が占めるのはわずか一七キロカロリーに過ぎない。日本人はこれが一八六キロカロリーで、アメリカ人になると四三二キロカロリーにも達する。要するにインド人はアメリカ人の二十五分の一しか肉を食べていないのだ。

インドの菜食主義は宗教に根ざしたものだ。人口の八割を占めるヒンドゥー教徒は基本的に肉食を忌避しているが、その厳格さは住む地域や属するカーストによっても大きく違う。北西部のラジャスタン州やグジャラート州では特に厳しく菜食主義が守られているが、南部はそれほどでもないし、上位カーストのバラモンは純粋なベジタリアンだが、下位カーストにはそのような縛りはない。また、不殺生(アヒンサー)の教えを忠実に守るジャイナ教徒は、肉や魚はもちろんのこと、「土の中にいる虫を殺す恐れがある」という理由から、根菜類も食べない。

このように、ベジタリアンが多数派のインドで糖尿病患者が急増している現実を見ると、「ベジタリアン=痩せていて健康的」というイメージが必ずしも正しくないことがわかる。それどころか「肉食を控えることは、むしろ太りやすさにつながるのではないか」とさえ思えるのだ。結局のところ、ダイエットの基本は「適度な運動&カロリー制限」であり、たとえ肉食を断ったとしても、そのぶん炭水化物をとりすぎれば、人は確実に太ってしまうのだ。

人類は歴史上初めて「飢えて死ぬ人よりも、肥満で死ぬ人の方が多い時代」を迎えた。「貧困との闘い」に勝利したと思った途端、今度は「肥満との戦い」が始まったのである。

ホモ・サピエンスの本能に刻まれた摂食行動と代謝システムは、飽食の時代を生き抜くようには設計されていないし、「目の前に甘いものや高カロリーの食べ物があれば、それに飛びついて腹を満たす」ように進化してきた。だから美味しいミールスのお代わりをきっぱりと断るのは難しいし、タンドリー窯で焼かれた香ばしいロティが運ばれてくると、ついつい食べ過ぎてしまう。それが人間の本性なのだ。

「インドを美味しく旅するためのコツ」はなんとか掴めてきたが、これからは「インドを美味しく、しかも健康的に旅するためのコツ」を見つけ出す必要があるのかもしれない。

北インドの定食ターリーの主食はバターがたっぷり塗られたロティ

インド宿事情

泊まる宿はその日に決める。予約はしない。それが僕のバイク旅の基本スタイルだ。

最近では、ネットで予約できるホテルも増えてきたので、特に大都市に行くときには事前に予約することもあるのだが、基本的にはその日のうちに現地で宿を探すことにしている。予め計画を立ててしまうと、どうしてもそれに縛られて、旅が窮屈になってしまうからだ。せっかくバイクというどこまでも自由な移動手段を持っているのだから、「何ものにも縛られない」という感覚のまま旅を楽しみたいのだ。

そんな無計画な旅を続けていても、「泊まる宿がまったく見つからなくて路頭に迷う」という経験をしたことはほとんどない。たいていの場合、どこかにひとつぐらいは空き部屋のある宿が見つかるものなのだ。もちろん「宿の質は問わない」という条件付きではあるけれど。

以前に比べると、インドの宿事情はかなり良くなっていると思う。選択の幅は間違いなく広がった。大都市や観光地はもちろん、人口十万人程度の地方都市であっても、清潔なベッドとバスルームを備えた新しいビジネスホテルが苦もなく見つかるようになっ

清潔で居心地の良いビジネスホテルも急増している

たのだ。

地方の安いビジネスホテルの相場は六百ルピーから千ルピー（千円から千六百円）程度。もちろん上には上があるし、下には下があるのだが、そこそこ手頃な値段でまずまずのサービスを提供するリーズナブルなホテルが、この十年で一気に増えたのは間違いない。

もちろん「暑い」「汚い」「臭い」の三拍子が揃ったいかにもインドらしい安宿も、まだ残ってはいる。いずれも「二度と泊まるか！」と叫びたくなるようなひどい宿なのだが、後から振り返ってみると、そういう宿の方が強く記憶に残っていたりするのだ。


十年ほど前にインド南部タミルナドゥ州にあるチャンガナチェリーという田舎町で泊まった宿は、安かろう悪かろうの、古き良き（悪しき）商人宿だった。一泊七十五ルピー（百五十円）というのは十年前でも破格の安さだったが、その値段にも納得できた。とにかくすさまじく汚かったのだ。

壁のペンキはボロボロに剥がれ、よくわからない灰色のシミに覆われていたし、唯一の備品である小さな木の机には埃が分厚く積もっていた。ろくに洗濯もされていないシーツには寝タバコで焼け焦げたらしい穴がいくつも空き、共同バスルームはアンモニア臭がきついうえに中世の地下牢を思わせるような暗さだった。

安かろう悪かろうの典型的な安宿はとにかく汚い

部屋に電源プラグがひとつもなく、カメラやパソコンの充電ができないのも痛かった。

それでも僕はここに泊まることにした。この日は珍しく宿がなかなか見つからず、二時間以上もうろうろと探し回って、すっかり疲れ果てていたからだ。「泊まれるんならどこでもいいや」という捨て鉢な気分になっていたのだ。

この宿にも良いところがひとつだけあって、それがフロント係の人柄の良さだった。とても感じのいい笑顔の持ち主で、英語はほとんど通じないのだが、異国の旅人とコミュニケーションを取ろうと精一杯努力してくれた。僕が宿探しにどれだけ苦労したのかを身振りを交えながら話すと、「それは大変だったね」とチャイをご馳走してくれた。

宿探しに手間取ったせいで、すっかり夜も更けていたのだが、その日はなかなか寝付けなかった。体のあちこちが痒くなってきたのだ。最初は蚊が入ってきたのだと思って、蚊取り線香を焚いてみたのだが、それでも痒みは一向におさまらない。何かが変だった。いくら目をこらしても、飛び回っているはずの蚊の姿が一匹も見つからないのだ。しかも痒みを感じるのは、蚊に刺されにくいはずの背中や首の後ろばかりなのだ。

これはおかしい。痒みの原因は蚊ではないのかもしれない。ようやくそのことに気付いた僕は、ベッドから降りてシーツを引き剥がしてみた。汚いマットレスが露わになった時の衝撃は、今でも忘れられない。そこには体長五ミリぐらいの小さな赤黒い虫が何十匹もうようよと動き回っていたのだ。試しに一匹を指の先で潰してみると、赤い液体がどろっと染み出してきた。間違いない、こいつが犯人だ。この虫が僕の血を吸っていたのだ。

南京虫の巣窟。それがこの宿の正体だった。通称・南京虫と呼ばれるトコジラミは、人の血液を好んで吸う昆虫で、主にマットレスや布団をすみかにしている。南京虫に刺されると、とにかく痒い。蚊とは比較にならないほどの痒みが襲ってくるのだ。しかも刺された痕は赤く腫れ上がり、二週間以上も体に残ることもある。まさに旅人の宿敵なのである。

南京虫は高温多湿で汚い場所を好む、という話を聞いたことがあった。もしそれが本当なら、ここは南京虫にとってパラダイスだと言えるだろう。ろくに掃除されていない蒸し暑い部屋に置かれた不潔なマットレスに潜んでいるだけで、「食料」となる人間が入れ替わり立ち替わりやってくるのだから。

もう夜の十二時を過ぎていたので、フロントに「部屋を替えてくれ」と言う気にはなれなかった。たぶん空き部屋もないだろう。しかし南京虫たちをなんとかしない限り、この部屋で眠ることはできない。

最初はマットレスを這い回る南京虫を全部指で潰してやろうかとも思ったのだが、相手の数があまりにも多すぎるので諦めた。結局、床の上に直にシーツを敷いて寝ることにした。もちろん引きはがしたシーツにも南京虫が何匹かくっついてきたのだが、それは全部叩き潰した。もともと薄汚れたシーツだったが、赤い血のシミが点々とつけられたことで、さらに野戦病院感が増した。

おぞましい色に変色した枕。ここに頭を置く気にはなれない

他の客はどうしていたんだろう。これほど大量の南京虫が棲みついているのだから、以前宿泊した客も血を吸われ、全身が痒くなったはずだ。それなのに誰も文句を言わなかったのだろうか。いや、そんなはずはない。クレームは何度もあったはずだ。それでも何の対策も打たれなかったのだ。そういういい加減な宿だから、他の宿が満室でも、ここにだけ空きがあったのだろう。

僕はフロント係の感じのいい笑顔を思い出した。あの笑顔は本物だった。しかし部屋は最悪だった。インドでは「従業員の人柄の良さ」と「宿の質」には何の関係性もない。それが今回の教訓だった。あまり役に立つ教訓ではなかったけれど。

これはおそらくカースト制度によるものなのだと思う。職能カーストによる分業意識の高いインドでは、受付係は受け付け業務しか行わないし、トイレ掃除係もベッドメイク係もその仕事しかしない。だから宿のある面はとても優れているのに、それ以外はまったくダメという奇妙なことになりがちなのではないだろうか。

インド人の騒音耐性が欲しい

僕が宿選びで何よりも重視しているのが、静けさである。部屋が狭くてもいいし、多少汚くても我慢するから、その代わりに騒音に邪魔されない静かな環境で眠りたい。それだけが僕のささやかな望みなのだ。

しかし、その願いが叶えられることは滅多にない。静けさはインドでもっとも手に入りにくいものだからだ。インドの安宿は駅やバスターミナルや繁華街といった騒々しくて人が集まりやすい場所に建っている場合が多く、またエアコンのない宿は少しでも涼しくするために窓を開け放っているので、外の騒音がそのまま部屋の中にも響いてくるのである。

たとえ静かなロケーションにある宿を確保できたとしても、まだ安心はできない。すぐ近くで宗教儀式や政治集会といった騒音を伴うイベントが始まることもよくあるからだ。特にひどいのが「DJ」と呼ばれている屋外ディスコだ。これはトラックに載せた巨大スピーカーからダンスミュージックを大音量で流し、それに合わせて百人ほどの親族が踊り狂うという結婚式の恒例行事なのだが、こいつがそばを通りかかると窓ガラスがビリビリと震えるほどのすさまじい音圧が続くのである。

宿の別の部屋で改装工事が行われることも、インドではよくある。四階で大規模な改装工事をやりながら、三階は普段通り営業を続けている、なんてところも珍しくないのだ。残念ながら「今うちは工事中なんですよ」と教えてくれるようなバカ正直な宿はほとんどないので、チェックイン前にこれを見破るのは困難だ。たいていの場合、次の朝に天井からすさまじい音が響いてきて、初めて工事中だと気付く、というパターンになるのだった。

ハイウェイ沿いのドライブイン宿を避けていたのも、騒音が理由だった。ハイウェイを走る長距離トラックの運転手のために作

結婚式のための簡易ディスコ「DJ」の音圧はすさまじい

られたドライブイン宿は、バイク旅行者にとっても宿を探し回る手間が省けてとても便利なのだが、道路に近いという立地条件はそれだけすさまじい騒音にさらされることを意味しているので、よほどのことがない限り、泊まるのは避けていたのである。

しかし、タラプールという町にあるドライブイン宿は、意外に快適だった。ハイウェイから少し奥まった場所にあったので騒音レベルも低めだったし、ベッドも広くてお湯も使えたのだ。これで四〇〇ルピーはかなりお得だと思った。

ちなみにこの宿には、ハイウェイ側に窓のあるうるさい部屋と、廊下をはさんで反対側に窓がある静かな部屋があって、どちらも同じ値段だった。当然のことながら、僕は静かな部屋を選んだのだが、案内してくれたボーイは、僕の判断がどうしても理解できないらしく、「なぜこっちの部屋を選ぶんだ？」と首をひねるのだった。

「そりゃ、こっちの方が静かだからだよ」

と僕は答えた。そんなの当たり前じゃないか。しかしボーイは納得しなかった。

「静かだって？　それがどうしたっていうんだ？」

彼の説明によれば、ハイウェイ側のうるさい部屋にはテレビがあるし、少し広いので、ほとんどのお客はこちらを選ぶのだという。わざわざ静かな部屋を選ぶ人間なんていないというのだ。インド人

ドライブイン宿は便利だが、騒音に悩まされることが多い

の宿泊客は騒音なんて気にしないし、どれほどひどいクラクションノイズを浴びても、平気で熟睡できるのである。

単純に羨ましかった。僕にもインド人のような騒音耐性があれば、どれほど旅が楽になるだろう。なれるものならそんな体になりたいとさえ思った。静かな環境でしかまともにものが考えられず、熟睡することもできないという感覚の繊細さは、ノイズだらけのこの国では致命的な弱点なのだ。

インド人は騒音だけでなく、悪臭や埃や高温や紫外線に対しても非常に高い耐性を持っている。タフな環境で生まれ育った人々は、それに適応した肉体と感覚を持つようになるのだろう。

僕はインド人になれそうもない。たぶんインドで生まれ育った人間だけが、インド人になれる資格を持つのだ。

インド人と違って「騒音耐性」が低い僕にとって、救世主とも呼ぶべきアイテムが「耳栓」である。遮音性が高いポリウレタン製の耳栓を使えば、騒音レベルが一気に五分の一ぐらいにまで軽減されるのだ。ポイントは自分の耳の形状に合った耳栓を選ぶことと、しっかりと指で潰してから耳の奥に挿入して使うことである。

最近、この耳栓の素晴らしさを知ったことによって、僕が旅先で味わうストレスは大幅に減った。もうＤＪの騒音に怯えることもないし、クラクションノイズに安眠を妨げられることもないのだ。これは本当に画期的だった。もはや「耳栓なしの旅なんて考えられない」と断言できるほどの必須アイテムになっている。

謎のババルピヤ

インド西部グジャラート州にあるケショッドという町を歩いているときに、不気味な格好の女を見かけた。目は赤く血走り、髪はボサボサで、口から赤い汚物を吐き出している。ホラー映画から抜け出してきたような奇怪な容貌だった。正直、頭がおかしくなった女性なのだと思った。

しかしそうではなかった。これは一種のパフォーマンスで、本当に狂っているわけではなかったのである。正体は「ババルピヤ」と呼ばれる芸人の男だった。彼は頭にカツラを被り、胸には石ころを入れ、お腹にも綿を詰め、赤い色をつけたお米を口のまわりに塗りたくって、「狂った妊婦」という役柄を演じていたのだ。

ババルピヤの男は、この町に十日間滞在するあいだ、毎日違った役を演じるという。初日は医者、二日目は看護婦、三日目はヒンドゥー教の司祭、四日目は学校の先生といった具合に、様々な人物になりきって街角に立ち続けるのだ。そして最終日の十日目には警察官を演じて、そのときに町の人から「見物料」としてお金を集めて回るのだそうだ。

ババルピヤは昔から受け継がれている伝統的な職業で、毎日違う人格を演じることで人々を楽しませるコメディアンのような存在だという（「狂った妊婦」という役柄をどのように楽しんだらいいのかは謎だが）。そして十日間が終わると、また別の町に行って、同じようなパフォーマンスを繰り返すのだ。長年そうやって生きてきた人々なのである。

プロの芸人というだけあって、役柄の作り込み方や演技力はすごかった。特に目力の強さには圧倒された。この演技になら、観客としてお金を払う価値は十分にある。そう思ったので、僕は財布からお金を出して彼に渡そうとしたのだが、意外にも「今は受け取れないんだ」と断られてしまった。お金は最終日に彼が警察官に扮したときに受け取るものと決まっているから、その原則は譲れないというのである。

その毅然とした態度からは「自分は芸人であって物乞いではない」という高いプロ意識が感じられた。彼はバハルピヤという職業に誇りを持ち、体を張って生きているのだ。

このバハルピヤのように日本ではちょっとありえないような不思議な職業が、インドにはいくつも存在する。楽器を奏でながら古い物語を語る吟遊詩人や、小柄な少女に綱渡りをさせる大道芸人の一家や、笛の音色でコブラを操るヘビ使いなどは、インド伝統のパフォーマンス系職業の代表格と言えるだろう。

神様に扮装した人もよく見かける。全身を青く塗ったシヴァ神や、猿の神様ハヌマーンなどに扮した男が町を回り、「神様が来たから、なんかくれよ」と言って、お金を恵んでもらうのだ。「神様が物乞いをする」というのは何だか矛盾しているようにも思えるのだが、町の人々も「神様を侮辱するな！」と怒るわけでもなく、ちゃんと小銭を恵んでいた。そういうおおらかな振る舞いが、実にインド人らしかった。

ヒジュラと呼ばれる人々も一種の芸人だと言えるだろう。ヒジュラとは男性の体に生まれながら女性としてのアイデンティティーを持つ人たちの呼び名で、自らの意思でヒジュラの集団に入り、ひと

つの家族のように暮らしているという。ヒジュラはカースト制の中では不可触民（アウトカースト）として蔑まれている一方で、特別な力を持った聖者と見なされることもあり、宗教儀式で踊りを披露したりして、お金をもらって暮らしている。

社会の主流から外れてしまったアウトローな存在として、インドでもっとも目立っているのがサドゥーである。サドゥーとはヒンドゥー教の出家者で、家族を捨て、仕事を捨て、インド中を放浪している世捨て人だ。

現在、インド全域とネパールには四百万人から五百万人ものサドゥーがいると言われているが、その膨大な数からもわかるように、サドゥーはインドではごくありふれた存在である。特にバラナシなどのヒンドゥー教の聖地に行くと、裸体に白い灰を塗っただけの姿で暮らすナガサドゥーたちをおおぜい見ることができる。

バラナシで知り合ったオームギリという名前のサドゥーの師匠（グル）は、サドゥーになる以前の記憶は全部忘れてしまったと言った。自分の名前も親兄弟のこともすべて忘れ、サドゥーとして新たに生まれ変わったというのだ。

「私には産んでくれた母も、育ててくれた父もいない。すべての女性が私の母であり、すべての男性が私の父なのだから」

オームギリさんはゆったりと流れるガンジス川の川面を見つめながら、そう言うのだった。どこまでが本当なのかよくわからない話だったが、独特の風貌を持つサドゥーが聖地バラナシで放つ言葉には、理屈を超えた説得力が備わっているように感じられた。

サドゥーが何をして暮らしているのかは謎だ。というか実際には、ほとんど何もしていない。日の出とともに目覚め、ガンジス川の水で体を清め、白い灰を全身に塗りつけてから、朝日に向かって瞑想する。あとは仲間と一緒にチャイを飲んだり、ガンジャを吸ったり、ご飯を食べたり、世間話をしたりしながら、のんびりと過ごしている。もちろん仕事なんてしない。「生産性」という点で言えば限りなくゼロに近い存在だ。

そんな「何もしない人」であるサドゥーが、ただ存在を許容されているだけでなく、世間の人々から一目置かれているという事実は、インド社会の懐の深さを表している。働いて金を稼ぐだけが人間の価値ではないし、何もかも捨てて（服さえも脱ぎ捨てて）自由に生きる人だって、この世界にはいてもいい。そういう考え方が多くの人に共有されているのだ。

インド社会には、カーストという身分制度が今でも強い影響力を持っているというきわめて保守的な側面がある。しかしその一方で、道から外れてしまった人や、マジョリティーとは違う生き方を選んだ人に対して、それを受け入れる寛容さも併せ持っている。日本ではありえないような仕事をしている人でも生きていけるし、そもそも仕事なんてしていないサドゥーのような人でも生きていける余地があるのだ。

人生が一本道ではないことを、価値観がひとつではないことを、インド人は認めている。その寛容さや緩さが、インドという国の奥深さを生んでいるのだ。

痛い祭りには意味がある

地元の人は「あれは神様だ」と言うのだが、どう見てもそれはおっかない「鬼」の姿だった。つま先から顔まで全身を真っ赤に塗った赤鬼と、同じく真っ青に塗った青鬼が町を練り歩いていたのだ。タミルナドゥ州にあるエランピライという町で年に一度行われる祭りに登場した赤鬼と青鬼は、二人とも長髪のようなカツラを被り、つけヒゲを着け、歌舞伎役者のような派手な隈取りを施し、背中には大きな看板のようなものを背負っていた。相撲取りみたいにせり出したお腹には、大きく口を開けた虎の顔が描かれている。とにかく派手で人目を引くコスチュームなのだ。

　面白いのは、鬼たちがそれぞれの口にライムをくわえていること。彼らは気合いを入れるたびに、ライムを思いっきり噛みしめ、「あぁ酸っぱい！」というしかめっ面をするのだ。ライムを皮ごと噛むのだから、そりゃ酸っぱいだろう。見ているこちらもパブロフの犬みたく口の中にじんわりと唾が滲んでくるほどだった。

「ライムには聖なる力があるんだ」と祭りに参加している若者が教えてくれた。「一回噛んだライムはすぐに新しいものに交換される。新鮮なライムだけが神様に力を授けるんだよ」

　確かに酸には殺菌作用があるし、ライムの果汁には暑さで参った頭をリフレッシュする効果もある。インドの街角で売られている手作りジュースは、ライム果汁と炭酸水を混ぜて作られている。南インドの人々にとって、ライムは日常に欠かせない食べ物なのだ。

赤鬼と青鬼はうなり声を上げ、周囲を威嚇しながらのっしのっしと歩いていた。秋田の「なまはげ」のように幼児に顔を近づけてわざと泣かせたりもしていた。もっとも、インドの子供たちは肝が据わっている（あるいは騒音耐性が高い）ので、びーびー泣いたりはしないのだが。

鬼たちの本当の目的は、祠に安置されている「サウンダマン」という名の女神を屋外へ引っぱり出すことだった。サウンダマンは霊験あらたかな町の守り神なのだが、シャイな性格なので、なかなか人前に現れない。その「ひきこもり系」の神様を信者の前に引っぱり出すために、ライムでパワーアップした鬼たちの力が必要なのだ。

青鬼と赤鬼、さらにあとから緑鬼も加わって、三人で共同戦線を張ってサウンダマンと対峙する。ご本尊を前にして鬼たちのテンションはさらに上がり、刀を振りかざして大声で叫び続ける。

「早く外に出てきやがれ！　出てこないとお前を切り刻んでしまうぞ！」

もちろんサウンダマンは石の像だから何も答えない。しかし鬼たちにはサウンダマンの気持ちがちゃんとわかるらしく、脅したり、なだめたり、褒めそやしたりして、なんとか外に出そうとする。そんな膠着状態が三十分ほど続いただろうか。やっとこさサウンダマンが祠から出てきたときには、

さすがの鬼たちもぐったりとした様子だった。

サウンダマンは大人の男なら一人で持ち運べるほどの小さな石像である。鬼たちの迫力に比べると、拍子抜けするほど小さい。しかし町の人はサウンダマンの出現に驚喜している。「あぁ、今年もついに現れてくださった」と、ありがたそうに手を合わせているのだ。

サウンダマンはもちろん自分では歩けないので、足代わりになる男たちの助けが必要だ。両手でサウンダマンを抱えた男はトランス状態になり、あっちへふらふらこっちへふらふらと予測不能な動きをする。彼の意志ではなく、サウンダマンが彼を歩かせているというわけだ。両脇に控えた男たちが、千鳥足で歩き続けるトランス状態の男をサポートする。そうやって町中を練り歩き、人々に霊力を分け与えるのだ。

祭りが終わると、余ったライムが配られた。僕もひとつもらったので、鬼たちを真似てガブッと丸ごと噛みしめてみたのだが、ライムの果汁が喉の奥に飛び散って、ゲホゲホとむせてしまった。ひょっとしたらこれも「慣れないことはやらない方がいい」という神様のお告げなのかもしれない。


カルナータカ州北部にあるビジャープル近郊で行われていた祭りは、僕がインドで遭遇した祭りの中でももっとも過激なものだった。

鮮やかな衣装を身にまとった男が、なんと自分の「舌」に太い鉄の棒を突き刺すのである。直径一センチほどもある太い棒が、男の舌を貫通して、上へ上へと伸びていく。すごすぎて言葉にならない。奇術か手品のようなのだが、これにはタネも仕掛けもない。フィジカルな痛みを伴う現実なのである。

それにしても彼の舌は大丈夫なのだろうか。よく「舌を噛み切って自殺する」なんて話を聞くではないか。あんな太い棒を舌に突き刺したりしたら、出血多量で死んでしまうのではないか？

僕の心配をよそに、男はさらに力を込めて棒を突き刺していった。「一度始めた儀式は何としてでもやり遂げねば」という使命感が彼を支えているのだろう。その様子をまわりで見守る観衆は、男が受けている痛みを分かち合うかのようにみな辛そうな表情をしていた。

鉄棒は長さが二メートルほどもあるので、貫通させるのに五分以上の時間を要した。ようやく鉄棒が舌から抜けると、男は精根尽き果てた様子で両脇を仲間に抱えられ、地面に座り込んでしまった。

ここで登場したのも、やはりライムだった。気を失いそうになった男にライムの果汁を与え、その酸っぱさで気持ちを奮い立たせようというのだ。「三色の鬼の祭り」でも見たように、南インドの人々にとってライムは万能薬のような存在なのだ。実際この祭りでも鉄棒を消毒するのにもライムが使われていたし、神像を洗い清めるときにもライムを使っていたのだった。

「舌は大丈夫なの？」

苦悶の儀式が終わったあと、道ばたに座って休んでいた男に声を掛けてみた。ライムのお陰なのか、彼の表情はすっかり元に戻っていた。

「あぁ、問題ないさ」

男はそう言うと、長い舌をぺろっと出して、僕に見せてくれた。舌には大きな穴が空いていた。それはさっきできたばかりの新しい傷ではなかった。ピアス穴のように長年にわたって異物を挿入し続けた結果、傷口がふさがることなくドーナツみたいな穴になっていたのだ。

おそらく彼は若い頃から何度となくこの「舌に棒を通す儀式」を続けてきたのだろう。それによって常人とは違う「特別な舌」を持つに至ったのだ。だからあの壮絶な儀式も、見た目ほど痛くはないのかもしれない。血も流れないし、傷口が化膿することもないから、危険も少ないのかもしれない。

しかし、最初に舌に棒を通したときは、絶対に痛かったはずだ。血もたくさん流れただろうし、失神したかもしれない。それでも彼はやり遂げたのだ。一度ならず何度も繰り返し舌に棒を通し続けたのだ。

彼がどのようにして柔らかく繊細な舌に鉄の棒を突き刺したのか、知りたいと思った。どのような理由でそれを始め、どんな気持ちでやり遂げたのか。どれほどの痛みだったのか。しかし言葉の壁もあって、詳しいことは聞けずじまいだった。

もし仮に言葉が通じたとしても、彼の気持ちを理解するのは難しかったと思う。まだ嗅いだことのない匂いや、味わったことのない味、聞いたことのない音を理解できないのと同じように、生まれてから一度も経験したことのない痛みを理解するのは、おそらく不可能なのだ。

僕がインドを旅するあいだに遭遇した祭りの多くは、強烈な「痛み」を伴うものだった。「痛みのない祭りは本物ではない」と言い切る人もいるぐらいだ。「ありとあらゆる痛みに耐える」という目的のために次々と新しい儀式を考案しているのではないかと思うほど、インドの祭りにおける「痛み」はバラエティーに富んでいた。

タミルナドゥ州で見た「火渡りの儀式」は、真っ赤に燃える炭火の上を裸足で歩くという壮絶なものだった。もちろん通常なら大やけどを負いかねないが、この儀式に臨む信者たちは普段から裸足で生活していて足の裏が靴底のように分厚くなっているので平気なのだという。炭火ゾーンを小走りで突破するような小心者には観客から容赦なくブーイングが浴びせられるし、公園を散歩しているかのように涼しい顔で歩く男には惜しみない賞賛の声が送られる。目の肥えたサッカーファン並みにシビアな観客に支えられた儀式でもあった。

「古い蛍光灯を人の頭に叩きつけて次々に割っていく」というわけのわからない祭りもあった。参加者の一人は「昔からやっている伝統の儀式だ」と言うのだが、蛍光灯がインドに普及したのはそんなに昔ではないはずだから、その主張には無理があった。あるとき誰かが気付いたのだろう。「蛍光灯を頭で割ると、破片が派手に飛び散って迫力が出るわりに、あまり痛くない」という事実に。しかも廃品を使うからコストも安くて済む。これは素晴らしいということになって、たちまちインド各地に広まったのだろう。

タミルナドゥ州にあるティルシェンドゥール寺院で行われていた祭りは、白い粉を体に塗りたくった男たちが地面に寝転がって、体を丸太のようにゴロゴロと回転させながら進んでいくというう異様なものだった。男たちはトランス状態になり、目を閉じたまま、坂道を転がる酒樽のようなものすごいスピードで一直線に転がっていく。

この白塗りで転がる男たちの後ろには、鉄棒を頬に突き刺した状態で歩く男がいた。男は激しい痛みに気を失いそうになりながらも、なんとか気力を振り絞って歩き続けていた。

カルナータカ州で見た儀式は、痛みよりも音がすごかった。太い鞭を手にした男が、自らの体に鞭を振るいながら歩くのだが、一発叩くたびに「バチッ！　バチッ！」という耳が痛くなるほどの大きな音が響き渡るのである。痛みも相当なものだと思うのだが、男は苦悶ではなく恍惚の表情を浮かべていた。痛みや恥辱を快感に変えるのがSMだとすれば、この儀式は「宗教的SMプレイ」だと言えるのかもしれない。

こうした痛みを伴う儀式は、いったい何のために行われていて、どういう意味があるのだろう。誰もが当然持つ疑問だと思うが、それを儀式の参加者に直接訊ねてみても、納得できるような答えはなかなか返ってこなかった。「別に意味なんてないさ。昔からやっていることとなんだから」と涼しい顔で答えられてしまうのがオチだったのである。信者たちにとっては、儀式の意味や目的を問うことよりも、代々受け継がれてきた儀式に参加することの方がずっと重要なのだろう。

しかし「意味なんてない」という言葉を鵜呑みにするわけにはいかなかった。外部の人間には理不尽で不可解な痛みのように見えても、そこに参加する人々にとっては、やはり何らかの意味があるはずなのだ。そうでなければ、こうした過激な儀式が何百年にもわたって継承されるはずがないのだから。

人々を痛みへと駆り立てている根本に宗教的情熱があるのは間違いなかった。彼らは日常ではあり得ないような激しい痛みに耐えることで、神への揺るぎない信仰心を示そうとしているのだ。だから痛みは強ければ強いほどいい。体を貫く針は太ければ太いほどいいし、体を熱する炎は熱ければ熱いほどいいのだ。その方が神様により強くアピールできるのだから。

儀式を見守る観衆がいることにも、おそらく重要な意味があるはずだ。たとえ自分が直接痛みに晒されていなくても、それを間近で目撃し、痛みを想像することによって、その場に強い一体感が生まれる。彼らは我々の代わりにこの苦痛に耐えているのだ――そうした連帯感が、共同体の絆をより強固なものにしているのだろう。

痛い祭りには意味がある。それは信仰心の発露であると同時に、共同体の絆を強めるという重要な役割を担っているのだ。バラバラの個人をひとつに繋げるために必要な犠牲。それがヒンドゥー教の儀式における「痛み」の意味なのではないだろうか。

死者が流れる聖なる河

インド東部ビハール州の田舎道を走っていたときに、にぎやかな一団とすれ違った。二十人ほどの男たちが太鼓を叩き、鐘を鳴らしながら、大声で歌をうたっていた。酒を飲んで騒いでいる男もいた。最初は地元のお祭りかと思ったのだが、そうではなかった。これはお葬式だったのである。

亡くなったのはダンキーさんというおばあさんで、昨日の夜に老衰で息を引き取ったという。遺体はオレンジ色のきらびやかな布に包まれ、竹を組んだ担架に乗せられて、にぎやかな音楽とともに村中を練り歩いていた。そこには「ひっそりと」とか「しめやかに」といった雰囲気はまったくなく、遺族たちの表情はむしろ晴れやかだった。故人が高齢なこととも関係があるのかもしれない。天寿を全うした大往生なら、悲しみに暮れる必要はない。にぎやかに送り出そうじゃないか。そんな意識が共有されているようにも見えた。

「ダンキーさんは村で一番の長生きだった。百歳は超えている。たぶん百十歳ぐらいじゃないかな」

葬列に加わっている親族の男は言った。しかし「百十歳ぐらい」という言葉をそのまま信じるわけにはいかない。これは「インドあるある」のひとつ「年寄りの年齢の逆サバ読み」だと考えるべきなのだ。もともとインドの農村には誕生日を祝う習慣がなかったから、自分の年齢をきちんと覚えている人の方が珍しい。しかもダンキーさんが生まれた当時、インドの田舎にはまともな戸籍制度なんてなかったから、公的な記録も残っていないはずだ。結局、お年寄りの正確な年齢は誰にもわからない。それが「ものすごい年寄り＝百歳ぐらいでいっか」というアバウトな発想に繋がっているのだと思う。

ちなみにダンキーさんの長男は六十五歳で、初孫は四十七歳だった。ダンキーさんが結婚し、最初の子を産んだのはおそらく十代半ばから二十歳の間だろうから（十代前半の可能性すらある）、彼女の年齢は八十代前半だと推測できる。もし本当にダンキーさんが百十歳なのだとしたら、四十五歳のときに長男を産んだことになるのだが、そんなことはまずあり得なかった。つまり「百十歳説」はどう考えてもおかしいのだが、その矛盾を指摘する人は誰もいないのである。おそらく「八十歳だろうが百十歳だろうが、年寄りには違いないんだから」と考えているのだろう。

「この辺では、五十五歳以上で亡くなると大規模なセレモニーを行って、村中の人に亡くなったことを知らせる。でも五十五歳になる前に死んだら、ひっそりと火葬するんだよ」

そう教えてくれたのは、開業医をしているラジェンドラさんだった。

「どうして五十五歳なんですか？」

「インドではだいたい五十五歳で仕事をリタイヤするからね。そこまで生きれば十分に長生き、ということなんだろう。私は六十歳だから、いつ死んでも大丈夫だ。葬式は盛大にやってもらえるよ」

ラジェンドラさんは亡くなったダンキーさんと直接面識はないという。ラジェンドラさんの娘の夫の父親の母親がダンキーさんなのだ。親類ではあるが、かなり遠い。ラジェンドラさんが住む家も、この村から五十キロも離れた町にあるという。それでも彼が葬式にはせ参じたのは、そうするのが当然だと思っているからだ。

「結婚式や葬式といった人生の節目には、親戚みんなが集まらなくちゃいけない。それが村の決まりなんだ。親戚を大事にしない人間は、誰からも相手にされないんだよ」

ラジェンドラさんに「今から火葬場に行くんだが、一緒に来ないか」と誘われたので、ついていくことにした。火葬の様子を写真に撮っても構わないという。同じガンジス川沿いの地域でも、たとえば聖地バラナシでは火葬場の写真を撮ることは厳しく禁じられているのだが、ここでは問題ないようだ。それどころか、遺族から「記念写真を撮って、後で送ってくれ」と頼まれるほどだった。

火葬場は何の変哲もないただの河原にあった。灰色の砂と、何かを燃やしたらしい黒い跡がわずかに残っているだけだった。ここは常設の火葬場ではなく、近くの村に住む人が亡くなったときに火葬を行う場所のようだ。

遺体を火葬場まで運ぶのも、火葬に使う三百キロの薪を手分けして運ぶのも、すべて男性の役割だった。火葬の現場に立ち会うのも男の親族だけと決められているという。その代わり女性たちには、「肉親を失った悲しみを泣くことで表す」という役割が与えられている。女たちは肩と肩を抱き合って、声を上げて号泣する。泣き声が大きければ大きいほど、そして流す涙が多ければ多いほど、亡くなった人がより良い来世に行けると考えられているようだ。

泣いている女たちとは対照的に、男たちは淡々と火葬の準備を進めていた。運ばれてきた薪を交互に組み、川の水で洗った遺体をその上に載せてから、火がつきやすいように枯れ葉やワラをかぶせていく。薪のあいだから見えるダンキーさんの顔は「永眠」という言葉の通り、眠っているかのように安らかだった。息をしていないということが信じられないほど生々しかった。

薪がすべて組み上がると、種火を手にした喪主（ダンキーさんの長男）が薪に点火した。風の強い日だったので、火はあっという間に勢いを増し、高い火柱へと成長した。

最初に髪の毛がチリチリと音を立てながら燃え上がり、やがて顔から腕にかけての皮膚が黒く変色し始めると、肉の焦げるにおいがあたりに漂い始めた。特別変わったにおいではなかった。人間の肉であっても、動物の肉であっても、焼かれてしまえば同じような肉が焦げるにおいがするのだ。

男たちは、遺体が燃えていく様子を少し離れた場所から見つめていた。祈りを捧げる人はいなかった。涙に暮れる人もいなかった。ただ黙って、燃えさかる炎を見つめていた。その横顔からは「もうやるべきことは終わった」という安堵の気持ちが感じられた。

自分とは何の関わりもない人の火葬の一部始終を間近で眺めるというのは、なんだか変なものだった。僕はダンキーさんと話をしたこともないし、生きている姿を見たことさえないのだ。それなのに今、彼女の肉体が燃え尽きていく様子を見つめている。肉が焦げるにおいを嗅いでいる。不思議な成り行きでこうなってしまった。これもひとつの「縁」なのだろう。

しばらくして火の勢いが落ちてくると、長い竹竿を手にした火葬職人がやってきて、遺体を叩き始めた。遺体をそのままにしておくと、表面が黒く焦げるだけで、完全に灰にはならない。だから遺体を叩いたりほぐしたりひっくり返したりして、中まで火が通るようにするのだ。

ヒンドゥー教では、遺体が燃え残るのは縁起が悪いことだとされている。「生前の行い（カルマ）が悪い人間は、火葬にされてもなかなか燃えない」と信じられているからだ。だから火葬を行う者は、できるだけ燃え残りが少なくなるよう努力するのである。

火葬職人が繰り出す打撃は、まったく遠慮のないものだった。大きくしなった竹竿が、遺体の腕や頭に打ち下ろされていく。特に燃えにくい頭部には、もっとも激しい打撃が加えられた。「バシッ！」「クシャ！」という乾いた音があたりに響き渡り、はっとするほど赤く生々しい肉の色があらわになった。

こうしてかつて老婆であった肉体は、内臓をえぐられ、肉汁を飛び散らしながら、徐々に原形を失

い、黒く崩れていった。それは思わず目をそむけたくなるようなグロテスクな光景だった。僕が知っている日本の火葬――高温のガスによって短時間で白い骨だけになる効率的なシステム――とは何もかもが違っていた。ここにあるのは抽象的な観念としての死ではなく、肉感を伴ったリアルで重みのある死だった。ぐちゃぐちゃとして不格好な、生き物としての死だった。

火葬場には濃密な沈黙が漂っていた。誰もひとことも話さず、火葬職人が竹竿を振るう乾いた音だけが響いていた。男たちは沈黙の中で何かを――おそらくは「死」について――考え続けているように見えた。彼らはこうして親しい人が炎に包まれ、黒く焦げていく様子を見守ることで、死を間近に感じ、死を想っているのだろう。

火葬の炎を眺めながら、僕もやはり死について考えていた。やがて訪れる親しい人の死について。そして自分自身の死について。

誰も死から逃れることはできないし、これと同じことがいつか必ず自分の身にも起きるのだ。そのような圧倒的な死の実感が、火葬場の煙やにおいとともに体の中に染み込んできた。燃え上がる炎は「死とは、つまりこういうことなのだ」と告げていた。人生は儚く、命は有限であり、死は避けられない宿命なのだ、と。

しかし怖くはなかった。むしろ穏やかで澄んだ気持ちだった。結局のところ、僕らは次々と生まれては死んでいく命の流れの一部に過ぎない。だからこそ、今ここにあるものを真剣に愛し、目の前に広がる世界を心から楽しむべきなのだ。何も心配することはない。最後には、みんなこうやって死んでいくのだから。そんなことを僕は考えていた。

薪に点火してから一時間ほどが過ぎ、遺体があらかた燃えてしまうと、遺族たちは水瓶に汲んだガンジス川の水を薪に振りかけて火を消した。そして薪の中から真っ黒になった遺体の燃え残りを拾い上げ、白い布で包んで、ガンジス川に投げ入れた。それは大きな放物線を描いて着水し、いったん水中に沈み込んでから再び浮かび上がった。そしてゆっくりと下流へと流れていった。

「ガンガーの水はインドで一番ピュアなんだ」とラジェンドラさ

んは言った。「彼女は今その流れの一部になった。清らかな自然に還っていったんだよ」

実際には、ガンジス川の水はとても清浄とは言えない状態で、インドでもっとも汚れた川のひとつだとも言われている。大腸菌レベルは基準値の二十三倍にも達し、付近の工場から流れ込む有毒な化学物質も検出されているという。医者であるラジェンドラさんがこの事実を知らないはずはない。それでもヒンドゥー教徒である彼にとって、「ガンガーの水は清らか」という認識は決して揺るがない。水質の問題ではなく、心の問題なのだ。人々の身体を洗い清め、死者の罪を浄化するというガンジス川の歴史的・宗教的な役割は、どんなに水が汚染されようとも変わることがないのだろう。


火葬が終わって、遺族たちが家路に就こうと歩き始めたときに、ガンジス川の上流から何か白いものが流れてくるのが見えた。最初は丸太か何かだろうと思ったのだが、そうではなかった。流れてきたのは、女性の死体だったのだ。

長時間水に浸かっていたせいなのか、死体の肌は異様なほど青白く、胴体は風船のように膨らんでいた。うつ伏せの状態だったので、顔ははっきりとは見えなかったが、全体の印象からすると、まだ四十歳ぐらいだろう。

ラジェンドラさんが言うには、子供や妊婦、事故に遭った人、毒蛇に噛まれて死んだ人などは、火葬されずにそのままガンジス川に流されるのだそうだ。「天寿を全うできなかった縁起の悪い死者は、燃やされず水葬にする」というのが、ヒンドゥー教の古くからのしきたりなのだ。水葬にされる遺体は船に乗せられて、流れの中ほどあたりで川の中に投げ込まれるという。重しとなる石を足にくくりつけられてはいるが、やがてそれが切れると、遺体は再び水面に浮かび上がってくるのだ。

しかし腐敗の進んだ人間の死体が川を流れていくという光景は、地元の人にとっては珍しいものではないようだった。わざわざ足を止めて死体を見つめているのは僕だけで、他の人々は何の関心も示さなかったのだ。きっと何百年も前から繰り返されてきた、ありふれた日常の一コマなのだろう。

あの人はなぜ死んでしまったのだろう。どんな人生を送ったのだろう。家族はいるのだろうか。幸せだったんだろうか。そんな疑問が次々と頭に浮かんだが、もちろんその答えが出るはずもなかった。白い死者は無言のまま、緩慢なガンジス川の流れに押し流されて、やがて見えなくなった。


「人生の最後にはガンガーに還る。それがインド人なんだ」と火葬場で働く男は言った。

確かにその通りだった。火葬された遺体も、火葬されなかった遺体も、最後にはガンジス川に流されて、魚のエサになったり、微生物に分解されたりしながら、茶色く濁った流れに溶け込んでいく。そして再びどこかで新たな生命を育む材料となる。ガンジス川は「死者が流れる河」であると同時に「命を生み出す河」でもあるのだ。

それはまさに「輪廻転生」そのものだった。動物も人もひとつの大きな輪の中にいて、ガンガーの流れがそれをゆったりとかき回しているのである。

今日も明日も明後日も、幾多の死者がこの茶色く濁った川を流れ下るだろう。人の営みが続く限り、いやたとえすべての人間がこの世から消えてしまっても、ガンジス川はその流れを止めないはずだ。

ロヒンギャが耕す故郷の土

村人の朝は早かった。夜明けとともに畑に出て、牛に鋤を引かせ、夜露で湿った地面を耕す。やがて太陽が空高く昇り始めると、土塊に絡みついた根っこを手で取り除き、畑を平らにならしていく。そして西の空に日が傾く頃になると、木の杭を突き刺して畑に穴を開け、そこに種芋や豆を植えていくのだ。

ロヒンギャの村で行われていたのは、人力と畜力に頼った昔ながらの農業だった。トラクターやコンバインの姿はどこにもない。貧しいロヒンギャの農家には高価な農業機械を買うような余裕はないし、その代わりに人手ならいくらでも余っているからだ。

「父も祖父もここを耕してきたんだ」と使い古したクワを手にした男は言った。「やがて子や孫たちも、この畑を耕し、種をまくだろう。ここは私たちの故郷だから。誰に何を言われても、離れるつもりはない」

そこには過酷な状況にあっても誇りを失わず、黙々と畑を耕し、種をまく人々がいた。不条理に直面し、貧しさを背負いながら、自分たちがやるべき仕事に精を出す人々がいた。

彼らが耕しているのは、ただの土ではなかった。自由を奪われ、理不尽な差別を受けているロヒンギャの人々が、必死に守り続けているもの。生きるために残された最後の砦。それが故郷の土だったのである。

ロヒンギャとはミャンマー西部ラカイン州に住むムスリム系住民のことである。ロヒンギャは国境を接するバングラデシュから移住してきた人々の末裔で、すでに何世代にもわたってラカイン州に住んでいるのだが、ミャンマー政府からは不法移民者として扱われていて、市民権を奪われたまま、数十年にわたって差別と迫害に苦しんできた。

二〇一七年八月にはロヒンギャ住民とミャンマー政府軍とのあいだで大規模な衝突が発生し、政府軍による虐殺と焼き討ちによって、七十万を超えるロヒンギャたちが難民となって隣国のバングラデシュへ逃げ延びる事態となった。この衝突で発生した大量の難民たちは劣悪な難民キャンプで生活を余儀なくされ、今もなお彼らが故郷に帰還する目処はまったく立っていない状況だ。

僕が訪れたのは難民キャンプではなく、ミャンマー国内に点在するロヒンギャの村だった。今でもミャンマー国内には三十万人程度のロヒンギャ住民がいると言われているが、彼らもやはり苦しい立場に追いやられていた。直接的な暴力には晒されていないものの、ロヒンギャたちには国籍がなく、市民権が与えられていないので、村の外に出ることすらできない状態なのだ。現金収入を得られる仕事はほとんどなく、医療や教育も満足に受けることができず、村には電気すら通っていない。村の若者は「俺たちは檻の中の囚人だ」と言った。

最大の問題は、移動の自由がないことだった。身分証を持つことができないロヒンギャたちは、一歩村の外に出ただけで逮捕される危険がある。だから病気になっても病院に行くことができないし、高等教育を受けることもできない。仕事の口を求めて街に行くことも許されていないのだ。

定職には就けないので、多くの若者たちは毎日違う肉体労働をしてなんとか食いつないでいた。あ

る日は精米所で米を運び、また別の日には川底の砂利を運ぶ、といった具合だ。もらえる賃金は安く、仕事も毎日あるわけではないので、生活はいつも苦しいという。

家族のうちの誰かが国を出てマレーシアなどで働き、そのお金を送ってもらうことで、なんとか生活しているという人も多かった。パスポートを持つことが許されていないロヒンギャたちが国境を越えて外国に渡るのは非常に危険で、国境警備兵に見つかれば殺されかねないのだが、ここにとどまっているよりはマシと、ブローカーに金を支払って命がけの国外脱出を試みる人が後を絶たないという。

「ロヒンギャを殺すのに銃はいらない」と言ったのは、村で知り合ったサエドゥルさんだった。「ロヒンギャ問題が国際的な注目を集めるようになったことで、ミャンマー軍が簡単に我々を殺すことはできなくなった。今はどれだけ情報を隠そうとしてもＳＮＳで伝わるからね。でもロヒンギャの村人は病院に行くことができないから、重い病気にかかったらまず助からない。町の病院に行くためには、警察への賄賂を含めて莫大なお金が必要なんだ。普通の村人には到底払えない。出産も家で行うから危険だ。そういう状況を放置しておけば、ロヒンギャは勝手に死んでいく。何もする必要はない。ただ我々から自由を奪えばいいだけなんだ」

子供たちの笑顔を前にして

ロヒンギャの村を歩いていると、子供の数が多いことに驚く。村中、とにかく子供だらけなのだ。何をするわけでもなく裸でぶらぶらと歩く幼児や、赤ちゃんを抱っこして世話する少女や、壊れかけの自転車で走り回っているわんぱくな少年が、村の道を行き交っている。そんなところに珍しい外国人——つまり僕のことだ——が突然現れたりすると、暇を持てあました子供たちの格好の餌食になる。たちまち好奇心いっぱいの子供たちが集まってきて、気が付くと二、三十人の子供たちに囲まれる、なんてことになるのだ。

子供たちはまるで金魚の糞のように、どこまでもついてきた。お金やモノをくれとか、そういうことは一切ない。ただ、くっついてくるのだ。子供たちが唯一要求してくるのは「フォト・マリブ！（写真撮ってよ）」で、言われるままに写真を撮ってモニターで見せてあげると、めちゃくちゃテンションが上がる。彼らにとって珍しい外国人の存在は、一種の遊び道具なのだろう。

家の手伝いをしている子供もよく見かけた。女の子は川の水を汲んだり、洗濯をしたりしていたし、

男の子は牛を操って脱穀作業をしたり、羊や鶏などの家畜の世話をしたりしていた。子供にも家族の一員として与えられた役割があり、それを当然のようにこなしているのだ。

二〇〇〇年代初頭のバングラデシュも、似たような状態だった。外国人がやってきただけで、すぐに何十人もの子供たちが集まってきて大騒ぎになった。今のバングラデシュには、そこまでの熱狂はない。経済成長とともに子供の数が減りはじめ、大多数の子供が学校に通うようになったからだ。「暇を持てあました子供たちがその辺をぶらぶら歩いている」ということ自体、少なくなったのだ。

しかしロヒンギャの出生率はいまだに高いままだ。正確なことはわからないが、どの夫婦にも四、五人の子供がいるという印象だ。ロヒンギャの女性たちは早婚で、十七、八歳には結婚してしまう。高い教育を受けることができず、仕事の口もないから、早く結婚する以外に人生の選択肢がないのだ。女性が若いうちに結婚すれば、それだけ子供の数が多くなる。もちろん「子だくさん＝幸せな家庭」というイスラムの伝統的価値観の影響も大きいのだろう。

「私も子供が多すぎるのは問題だと思っているんだ」と村の学校で教師をしているホキさんは言った。「我々には限られた土地しかないし、仕事もない。こんな状況で大家族を養えるわけがない。しかし私がいくら訴えても、他の村人はまるで聞く耳を持たないんだ」

同じラカイン州に住む仏教徒であるラカイン人たちも、ロヒンギャの人口増加を脅威に感じている。突出して人口増加率が高いムスリムがやがて自分たちの土地を奪うのではないかと恐れているのだ。急速に高まったロヒンギャ排斥運動の背景には、増え続ける異教徒に対する潜在的な恐怖心がある。

人口増加は、ロヒンギャに対する差別の原因であると同時に、その結果でもある。ミャンマー政府

はロヒンギャたちにミャンマー国籍を与えず、不法移民者として国外に追い出す政策を採り続けてきたのだが、皮肉にもこうした差別的境遇がロヒンギャの人口増加率の高止まりを招くことになったのだ。もしロヒンギャたちにも他のミャンマー人と同等の教育や医療の機会が与えられていたら、そして女性たちにも仕事の口があれば、村の生活水準は上がり、出生率も低下していただろう。貧困率が減少し、識字率が上昇すると、ただちに出生率が低下するという現象は、アジア各国で何度も確認されている。ミャンマー政府が本来やるべきだったのは、ロヒンギャたちの貧困の連鎖を止めることだったのだ。

子供たちの笑顔には、見る者の心を明るくするポジティブな力がある。目を輝かせ、大きく口を開けて、思いっきり笑う。そんな屈託のない笑顔には、未来への希望が詰まっている。世界中どこに行っても、それは同じだと思っていた。

しかしロヒンギャの村だけは違った。この村では「子供たちの笑顔は未来への明るい希望だ」とはとても言えなかったのだ。ロヒンギャとして生まれた子供たちは、成長するにつれて、理不尽な現実に直面することになる。同じ国に生まれながら、自分たちだけが差別され、自由を奪われているという事実に苦しむことになる。

いま屈託なく笑っている子供たちを待ち受けているのは、希望を持てない未来かもしれない。子供たちの笑顔を前にしながら、僕は胸に刺すような痛みを感じていた。そんな経験は初めてだった。

わずかに残された希望

その若者は村の外れにあるため池で、魚を捕るための網を投げていた。力強いフォームから放たれた漁網は、花火のように丸く広がったあと、パシャッという音とともに着水する。乾季なので水かさは低く、魚も少ないのだろう。漁で捕れるのはせいぜい体長二、三センチの小魚だったが、それでもなんとか夕食の足しにするべく、何度も何度も網を投げていた。

そのすぐそばに、ため池の底を竹ザルでさらっている女たちがいた。ロヒンギャではなく、隣村に住むラカイン人だった。彼女たちが捕っているのはタニシだった。塩茹でにして食べると美味しいという。

ロヒンギャの若者とラカイン人の女たちが同じため池を一緒に使っているのだが、緊張感はまったくなかった。両者は気軽に言葉を交わし合い、

声を上げて笑っていた。お互いに狙う獲物が違うから、衝突は起こらないのだろう。
ロヒンギャ問題が深刻化する以前は、このような光景が当たり前に見られたという。仏教徒とムスリムは長年隣人として穏やかに共存してきたという歴史があるのだ。
二〇一七年八月に起きた衝突以降、ロヒンギャ問題は出口が見えない状態が続いている。宗教的、歴史的、政治的な要素が複雑に絡まり合い、憎しみと暴力の連鎖が起きている。このもつれた糸を解きほぐすのには長い時間がかかるだろう。
それでも、希望はまだ残されているのだと思う。同じため池を共有する人々の姿から、僕はそれを感じ取ることができた。隣人としてともに生きることは、不可能ではないのだ。

やがて西の空に陽が沈み、あたりは淡い闇に包まれていった。村人たちはたき火のそばに集まっ

て手をかざしていた。子犬を抱いた子供がその輪に加わる。ため池での漁を終えたあの若者も、濡れた体を温めていた。たき火の炎に照らし出された村人の横顔には、今日一日を無事に終えることができた喜びと安堵の表情が浮かんでいた。

村の暮らしは単調だ。夜が明けると畑を耕し、日が暮れると家に戻り、家族とともにご飯を食べて、眠る。毎日がその繰り返しだった。しかし、その単調な繰り返しの中で、一日の終わりに感じるささやかな幸せこそが、ロヒンギャの村人たちがもっとも強く望んでいることなのかもしれなかった。明日が今日と同じようにやってくるとは限らないのだから。

オールドダッカの歩き方

「これまで訪れた中で一番好きな街は？」と訊ねられたら、しばらく迷った末に「ダッカ」と答えるだろう。

この答えがほとんど誰の支持も得られないことは、僕にもよくわかっている。バングラデシュの首都ダッカは、ありえないほど過密で、混沌と騒音と悪臭が支配するアジア屈指のカオスな街なのだ。僕だって住むのはご免だ。こんな街に何年も住み続けたら、寿命が縮むんじゃないかと思う。でも旅人にとっては最高に楽しい街なのだ。特に僕のように人の写真を撮り歩いている人間には、ダッカほど刺激的な街は他にはないと思う。

ダッカ南部に広がる旧市街・オールドダッカは、まるで迷路のような街だ。複雑に入りくんだ路地裏を歩いていると、すぐに方向感覚を失って、道に迷ってしまうのだ。それでも僕は全然気にしなかった。心おきなく迷えばいいのだと、地図さえ持たずに歩いていた。

そうやって道に迷いながら、方向感覚を失いながら、自分の嗅覚だけを頼りに進んでいくと、その先には必ず何か面白いものが現れるのだ。たとえば二十羽もの生きた鶏を頭に載せて運ぶ男や、ヒルから作ったという謎の精力剤を売る香具師や、一メートルを超えるような長い竹馬に乗って街を闊歩する老人など、僕の想像力の斜め上を行くユニークな人々が溢れている街なのだ。

地図を持たずに歩く。とにかく迷う。それがオールドダッカの正しい歩き方なのである。

FEVICOL

ROCK STAR

オールドダッカには修理屋が多かった。自動車やバイクの修理屋ならどの国にもあるが、テレビやラジオ、扇風機やジューサーなどにもそれぞれ専門の修理屋がいて、その製品だけを直しているのである。すり減った古タイヤに新しい溝を彫って再生するタイヤ修理屋もあったし、穴の空いた雨傘に継ぎをあてる傘の修理屋や、底の抜けたブリキのバケツに新しい底をくっつけるバケツ修理屋までいた。

まだ使えるものは何度でも直して使うのがバングラデシュの流儀だ。簡単にモノを捨てたりはしない。もし捨てたとしても、必ず誰かが拾って使う。日本だと「これ、修理するより新しいのを買っちゃった方が安いですよ」なんて言われてしまうことも多いが、この国では誰もそんなことは言わないのである。

僕もダッカの路上でサンダルを直してもらった。お気に入りのサンダルだったが、長く使っているあいだに靴底が剥がれてきたのだ。靴の修理屋はこの道何十年といった感じの実直そうな男だった。ゴム底の裂け目に接着剤を塗り込み、それを乾かしてから、太い針と丈夫な糸で靴底を縫い合わせていった。仕事も丁寧だったし、料金もたった二十タカ（三十円）ととても安かった。

このようにバングラデシュに住む人々の生活には「モノが壊れても何度でも修理して使う」というリユースの精神が根付いているのだが、だからといってバングラ人が特別に高いエコ意識を持ってい

バケツ修理屋

るわけではない。地球温暖化や資源の枯渇を気にしている人は少ない。彼らは単に「その方が安いから」という経済的な理由で、ひとつのものを繰り返し使い続けているのだ。モノの値段に比べて人件費が圧倒的に安いので、わずかなお金で修理して使い続けられる。そのことが「捨てない社会」を支えているのだ。

古くなったものはさっさと捨ててニューモデルに買い換える浪費型社会の方が、GDP的には「豊か」になる。経済指標とはそういうものだ。お金とモノが回転するスピードが速ければ速いほど、その社会は「繁栄している」と評価されるのである。しかしそれは本当に豊かな社会なのだろうか？

ゴミの街に沈む夕陽

ダッカ南部を流れるブリゴンガ川の沿岸に「ゴミの街」はあった。この街は、割れたプラスチック製品や穴の空いたペットボトルのように、もうこれ以上修理することができなくなったものが最後の最後に流れ着く場所だった。

ゴミの街に住む人々は、膨大なゴミの中から再利用できそうなプラスチックをより分け、それを集めて、新しい製品に作り替えることを生業としていた。早い話「廃プラスチックのリサイクル業者」

穴の空いた雨傘に継ぎをあてる傘の修理屋

なのだが、その実態はきわめて原始的かつアバウトなもので、ほとんどすべての行程を人の手に頼っていた。

集められてきたプラスチックゴミはまず色ごとに分類される。赤は赤、緑は緑、青は青という具合に。そうしないと再生品の色が混ざってしまうからだ。より分けられたプラスチックは粉砕器で粉々に砕かれ、水洗いされたあと、リサイクル製品の原料として別の工場に回されるのだが、ここにも企業秘密や門外不出のノウハウなどは一切なかった。プラスチックのチップに熱を加え、水飴状に柔らかくしてからプレス機にかけると、金型通りにサンダルが出来上がる。実に単純でわかりやすい工場だった。

プラスチックは金属やガラスと違って熱や紫外線で劣化しやすいので、リサイクルには不向きな材料だと言われている。一度ゴミとなったプラスチックに再び熱を加えて成型すると、バージン品よりも質の劣る製品になってしまうのだ。

それでも構わない、というのがこの国のリサイクル業者の考え方である。バングラデシュには「安かろう悪かろう」の製品を求める貧しい人々が大勢いるから、たとえチープなクオリティーであっても安価であれば確実に売れるのだ。

ゴミの街は、混沌が支配するダッカの縮図のような場所だった。

美しいものと醜いものとが同居するこの街にあって、「醜」を代表する存在だと言ってもいいだろう。プラスチックを砕く粉砕器は耳をつんざくようなすさまじい騒音を出し続けていたし、うずたかく積まれたゴミの山からは大量のハエや蚊が発生していた。

特にひどいのが臭いだった。高温にさらされたプラスチックゴミが放つ独特の異臭が、あたり一帯に漂っていたのだ。おそらく人体に有害なガスも出ているると思うのだが、マスクを着けて働いている人はほとんどいなかった。この街の工場経営者たちは環境基準を守る気もなければ、そのノウハウも持っていないのだ。

そんなひどい環境にもかかわらず、この街で働く人々は驚くほど明るかった。「いやいや働かされている」という後ろ向きな雰囲気はまったく感じられなかった。うっかり迷い込んだ外国人に対してもとてもオープンで、「俺の写真を撮ってくれ！　次はいつだ！」と僕の腕をぐいぐいと引っ張るのだった。

社会派フォトジャーナリストなら、この街の劣悪な労働環境をテーマにして写真を撮るだろう。確かにひどい環境だし、改善の必要はあると思う。（ここに限ったことではないが）公然と児童労働が行われているのも問題だった。工場で働く労働者の中には、十歳前後の子供も含まれていたのである。

しかし僕がここで撮りたかったのは、そのような「告発」ではなかった。どちらかと言えば、その対極にあるものだった。

ゴミの街で働く人々のたくましさに、僕は強く惹かれていた。ひどい悪臭と騒音の中にあっても、彼らは常に前向きだった。働くことを楽しんでさえいた。人はどんな場所でも生きていける。そのような根源的な力を、生きている姿そのものを、僕は撮りたかったのだ。

しかしシャッターを切れば切るほど、何をどう撮ればいいのかわからなくなった。僕はここに住むことも働くこともできない、ヤワな日本人だ。豊かな国からやってきた傍観者に過ぎない。そんな人間にこの圧倒的な貧しさを撮る資格などあるのだろうか？単なる自己満足なのではないか？

僕にはわからなかった。わからないまま、ゴミの街を歩き続けるしかなかった。

黒縁のメガネをかけた小柄な男に出会ったのは、ゴミの街の外れにある資材置き場だった。彼は五メートルもある長い竹竿を左手一本で持ち上げて運んでいた。力自慢なのだろう。五十歳を過ぎているようにも見えるが、贅肉の一切ない締まった体つきをしていた。
僕は男の正面に回り込んでカメラを構えた。何も考えなかった。自然に体が動いた。ただ日の前に

いる人の力強い姿をそのまま切り取りたい。それだけだった。

彼は心持ち胸を反らせて応じてくれた。何枚か続けてシャッターを切ると、いつもそうするように液晶モニターを彼の方に向けて、撮ったばかりの写真を見せた。どうですか、カッコいいでしょう、と。それを見た彼は、

「サンキュー！　サンキュー・ベリーマッチ！」

と言って、顔をくしゃくしゃにして笑った。こちらが恐縮するぐらいの喜びようだった。自分のカッコいい姿が映し出されているのが嬉しくてたまらない、という様子だった。

僕は右手を差し出した。こちらこそありがとう。あなたはほんとにカッコいいんですよ。その気持ちを、手を握ることで伝えたかったのだ。

しかし彼は僕の手をすぐに握り返してはこなかった。どういうわけか遠慮するようなそぶりを見せたのだ。陽気でフレンドリーなバングラ人が

握手を断るなんてまずあり得ない。いったいどうしたんだろうと不思議に思っていると、ようやく彼がぎこちなく右手を差し出した。しかしその手には、まったく力が込められていなかった。

この人は右手が動かせないのだ。僕はやっとそのことに気が付いた。病気なのか怪我なのかはわからないが、ある時点から右手が不自由になったのだろう。だから左手一本で重い竹竿を持ち上げていたのだ。

それでも彼は自由に動かない右手に懸命に力を込めて、なんとか僕の手を握り返そうとしてくれた。彼の指先がほんのわずかに動いた気がした。

そのときだった。突然、僕の右手に何かが流れ込んできたような感覚があった。それは電流のように一瞬で全身を駆け巡って、あらゆる場所に鳥肌を立てた。まるで小さな雷に打たれた後のように、僕はしばらく体を動かすことができなかった。

あんたは、ここにいてもいいんだ。

男は動かない右手を通じて、そう語りかけていた。あんたが何を撮ろうが、何を考えようが、そんなことは関係ない。あんたはここで俺のカッコいい姿を撮って見せてくれた。それが嬉しかったんだ。意味のあることだったんだ。だからあんたは、ここにいていいんだよ。

いま目の前にいる男が僕を肯定し、受け入れてくれたのだと感じた。一人の人間として、ここに存在することを許されているのだと。

もう迷う必要はなかった。僕はここにいてもいいのだ。

やがてゴミの街は夕暮れ時を迎えた。おびただしい数のペットボトルやサンダルが散乱するブリゴンガ川の向こうに、鈍い色の太陽が沈もうとしていた。ゴミの山の一角からは白い煙が上がり、あたりにすえた臭いを漂わせていた。カラスの一群が空を舞い、皮膚病を患った野良犬が川岸をとぼとぼと歩いていた。

それは世界でもっとも汚れた空に消えていく、世界でもっとも濁った夕陽だった。

しかし嫌悪感はまったくなかった。目の前の濁った夕陽は、僕を不思議なほど穏やかな気持ちにしてくれた。

男の不自由な右手から流れ込んできた痺れは、まだ体の中に残っていた。それは僕を一番深いところからじんわりと温めていた。

彼らはゴミの中で暮らしている。ひどい騒音と悪臭と化学物質にさらされながら生きている。それでも彼らはこの街で働くことを楽しんでいた。

無用のゴミの山から誰かの役に立つものを作り出していることに、誇りと喜びを感じていた。

この街は醜い。しかし、この街に生きる人々は美しかった。

あの男が僕に何を伝えようとしていたのか、本当のところはわからない。言葉さえろくに通じなかったからだ。結局のところ、「あんたはここにいてもいい」というメッセージは、僕の心が勝手に紡ぎ出したものなのかもしれない。しかし、それでもいいのだと思った。あの瞬間に僕が受け取ったメッセージは、啓示のようなものだった。理屈ではなく、直観として与えられたものだったのだ。

汚濁の中にある一滴の清浄。それをすくい取るのが、僕に与えられた役割なのだろう。大切なのは、この混沌に満ちた世界から、自分が信じるに値する何かを引き出そうとする前向きな力なのだ。

片腕が不自由な男が僕をそのまま肯定してくれたように、僕もこの世界をそのまま肯定するような写真を撮ろう。

世界はこのままで十分に美しいし、誰にとっても生きる価値のあるものなのだから。

まだ見ぬ誰かに出会うために

スマホの登場で、旅はずいぶん快適になった。スマホとグーグルマップのおかげで旅先で道に迷うことはほぼなくなったし、見知らぬ街でのホテル探しも楽になった。現地の天気予報をリアルタイムでチェックすることで一日の予定が立てやすくなったし、一眼カメラで撮った写真の位置情報もGPSロガーで正確に記録できるようになった。翻訳だって、為替レートの計算だって、一発でできる。

スマホがなかった十年前（そう、たった十年前のことなのだ）は、ロードマップとコンパスだけを頼りにバイクでインドを旅していた。紙の地図は間違いだらけだったし、自分が今どこにいるのかさえわからなかった。それは半分目隠しされた状態で旅しているようなものだった。しょっちゅう道に迷い、そのたびに現地の人に道を尋ね、無駄な回り道ばかりしていた。イライラすることも多かった。

しかし、それは胸躍る経験でもあった。情報の不足を、想像力と好奇心と周りの人々の親切によって補っていたからだ。本当に困っているときには、必ず誰かが助けてくれた。旅を彩るエピソードの多くは、予期せぬトラブルに遭遇したときになんとか切り抜けようともがく中で生まれたものだった。回り道は、決して無駄ではなかったのだ。

誰だって「知らないこと」は怖いから、できるだけ多くの情報を事前にインプットして、安心を得ようとする。不確定な要素をなるべく取り除いて、効率的に旅しようとする。でも「知らないこと」が旅人の好奇心を刺激する大切な要素であることも忘れてはいけない。結局のところ、人は「そこが本当はどんな場所なのかよく知らない」から旅をするのだ。「この角を曲がった先には、いったい何があるんだろう？」というワクワク感を味わいたくて、僕らは旅に出るのだ。

スマホは便利な道具だが、それに頼りすぎると、つまり「知らないこと」が少なくなりすぎると、旅はつまらなくなる。想定外のことが全然起こらない旅というのは、スムーズで快適かもしれないが、結末のわかりきったドラマを見ているような味気ないものになってしまう。

もし、あなたが旅に新鮮な驚きを求めるのなら、筋書きのないドラマを求めるのなら、ガイドブックを閉じて、スマホの電源を切って、自分の直感だけを頼りに歩き出せばいい。

僕もそうやって渋イケメンに出会ってきた。渋くてカッコいい男がどこにいるかなんて、ガイドブックにもグーグルマップにも人のブログにも載っていないから、自分の足で探し出すしかなかったのだ。そうやって自分の直感（と少しばかりの幸運）を信じて街を歩き回っていると、どこかで必ず探し求めていた被写体に巡り会うことになるのだ。

「なぜ、こんなところを歩いているんだい？」

彼はこんな風に訊ねてくるかもしれない。見どころなんて何もない田舎町をなぜ外国人がうろついているのか、まったく理解できないからだ。

「もちろん、あなたに会うためですよ」

僕はそう答えるだろう。相手は冗談だと思って笑うに違いない。「俺とあんたは今初めて会ったばかりじゃないか」と。でもこれは嘘偽りのない僕の本心なのだ。

あなたに会うために、僕はこの街を歩いていた。まだ見ぬ誰かに出会うために、旅を続けてきた。

そこに吹く風や、降り注ぐ光を感じながら、直感と偶然に導かれて、僕はこの場所に辿り着いたのだ。

渋イケメンの旅

写真・文　三井昌志

2019年11月4日　初版第1刷発行
発行者：安在美佐緒
発行：雷鳥社
〒167-0043
東京都杉並区上荻2-4-12
TEL 03-5303-9766
FAX 03-5303-9567
HP http://www.raichosha.co.jp
E-mail info@raichosha.co.jp
郵便振替　00110-9-97086

デザイン：三井昌志
協力：小林美和子
編集：益田光
印刷・製本：シナノ印刷株式会社

定価はカバーに表示してあります。

ISBN 978-4-8441-3760-3 C0026

三井昌志（みついまさし）

1974年京都市生まれ。東京都八王子市在住。神戸大学工学部卒業後、機械メーカーに就職し、エンジニアとして2年間働いた後退社。

2000年12月から10ヶ月に渡ってユーラシア大陸一周の旅を行う。

以降、写真家としてアジアを中心に旅を続け、人々の飾らない日常と笑顔を撮り続けている。訪問国は39ヶ国。

旅の経験を生かしたフォトエッセイの執筆や講演活動を精力的に行う一方、広告写真やCM撮影など、仕事の幅を広げている。

日経ナショナルジオグラフィック写真賞2018グランプリ受賞。

主な著作に『アジアの瞳』（スリーエーネットワーク）、『子供たちの笑顔』（グラフィック社）、『スマイルプラネット』（パロル舎）、『写真を撮るって、誰かに小さく恋することだと思う。』『渋イケメンの国』『渋イケメンの世界』（雷鳥社）などがある。


—公式サイト—

『たびそら』　http://www.tabisora.com/